靈鷲山外山
心道法師傳

陳大爲、鍾怡雯 著

序

釋心道

三十年前，我到荖蘭山閉關斷食，很辛苦，幾乎連命都沒有了。剛開始借住在普陀巖山洞，那時看管仙公廟的詹廟祝和福隆當地的耆老，還有後來把聖山寺捐給我的吳春泉老先生，都說這山很奇，是聖山。

這裡一片荒山漫漫，沒有水，沒有電，什麼都沒有，只有前山腰的仙公廟、普陀巖。有一天，我坐在斷巖上望著海，一望無際，海潮一波波推送過來，日日夜夜的潮音，我感到這裡未來會度很多的人，很多海外的緣。當時徒弟法性還笑我說：師父啊，你會不會餓到「起了肖」？明天怎麼過還是問題，這裡什麼也沒有啊！師父你是怎麼看到未來的呢？

出關後，每天有很多人來找我，我天天等著人上門來「踢館」；都是問些人生問題，什麼都問，還有很多宗教問題，也是緣起。

這樣一路過到今天。回頭看看這裡，就是一個菩薩居的地方，這裡處處是緣起，處處是菩提。它不屬於羅漢，也不只是道廟，這裡是觀音訂走的地方，觀音在這裡產生能量，祂要做的事就是對應這時代的疑難雜症，祂有一套呈現教化因緣的方法與工具，我覺得我只是祂的手腳，這裡是菩薩居地。

一切從零開始。靈鷲山團隊是從籌設世界宗教博物館開始的，沒有建宗博這個大願力，就沒有這個團體。一開始，我們在國際佛學研究中心找一些專家顧問互動，慢慢激盪出五大志業，其中世界宗教博物館的因緣先成熟。有了計畫，接下來就是怎麼啓動？當時宜蘭有一家證券公司，他們主管來結緣，整個公司的人都來皈依，讓我們去說明世界宗教博物館的理念。

從宜蘭開始，再往台北，到全台走透透，我們開始做人的連結，有了人就成立護法會；爲了募款，後來水陸法會的因緣也開始了。又因爲建宗教博物館要得到各宗教的見解與支持，我們四處參訪各宗教，主動去敲門，謙卑地向他們請教，就這樣，一路把願力擴散開來，把很多資源串聯起來，可以說大家有什麼就出什麼、會什麼就幫忙什麼，一遇到問題就是突破，突破到底。

我是一個窮和尚，什麼也沒有，什麼專業也不懂，就是一直拜會、一直做關懷、一直在緣上去貫串我的體會，只是把這些有緣的人都啓動起來，這樣日以繼夜地做。可以說，我這一生到現在最大的供佛，就是宗博。然後，接著就是要把這個和平的基因延伸出去，複製這個和平基因，延伸到一個人人可以成佛的學園。

不修行，我不可能有這個願力。這個願，就是〈大悲咒〉的力量，也是觀音菩薩的力量，一一化爲我的實踐。

目錄

序 釋心道 2

第1章
在緬甸的童年 1948~1960

緬甸，一九四八 10
紅色羅漢鞋，巨大的蟻穴 14
頹壞的幸福，行走的江湖 18
滇緬孤軍的生活版圖 21
飛行的羅漢，出家的種子 24
罌粟的天堂，滇緬邊區的煉獄 28

第2章
少年楊進生 1961~1972

撤向一九六一年春天的台灣 36
觀音聖號，開啟佛法大門 40
十五歲的刺青，起誓求道之心 43
大俠夢，劍及履及的人格特質 45
乾媽謝鳳英，一貫道的點傳師 48
梅花盟，返鄉治世的狂想 50
求一個坐牢的罪名 54

逆境中的貴人 56
被時間揉成小小一團的情書 62
摯友李逢春的身故 64

第3章
出家後的苦修 1973~1982
在佛光山剃度出家 68
只要打坐就勇猛精進的漢子 72
蘭花房，參透孤獨 76
頭陀行，以摩訶迦葉、密勒日巴爲師 80
圓明寺的魑魅魍魎 83
靈山塔內，思索死生 88
塚間修，參透諸行無常 92
密勒日巴示現於禪定中 96
如幻山房，道心的試煉場 99
出家弟子的緣分與考驗 103
禪師的修行與生活 107
顯密圓融，本來一味 109
關於成佛的困惑 111
修行之餘，物我無間 113
武舉人古堡，斷食以了脫生死 115

第4章
初建靈鷲山 1983~1988
鷹仔山，出火與請火的傳說 124
普陀巖，更艱難的閉關斷食 126
懸崖之下，別有洞天 132
山風海雨交接處的道場 135

無生道場的命名與宏願 141
隨機逗教的生活禪 144
臨濟宗風，大機大用 150
善待眾生，凡事用心 158

第5章
法脈傳承與弘化大願 1989~2013

臨濟法脈，以禪為體 164
禪定戒律，以南傳為基石 169
噶陀傳承，以密為用 174
三乘合一，從頭陀行到菩薩道 179
宇宙是一個記憶體 182
毀謗是度化的緣起 184
菩薩道，讓眾生離苦得樂 187
冥陽兩利的圓滿施食 190
以大悲法會為起點 191
啓建水陸，度盡眾生 195
戒德老和尚主法十五年 202
造就一個解冤釋結的淨土 204
弘法度眾不言累 207
以道場為家的義工和護法 210

第6章
世界宗教與華嚴聖山 1989~2013

遙契太虛大師的理念 214
窮和尚的春秋大夢 218
不知天高地厚的宗博計畫 221
沒有心理負擔的宗教接觸 223

徐徐展開垂天的大翼 225
結結實實踏出了一大步 228
心和平，世界就和平 230
我來看看我能做些什麼？ 234
諸神殿堂的落成 238
史無前例的「回佛對談」 243
伊斯蘭教的友誼 250
寧靜運動，禪修的極大化 253
斷食閉關，回歸本山 258
「華嚴世界」是「緣起成佛」的工作 264
現代「那爛陀」的宏願 267
我這一生就沒有白來了 271

心道法師暨靈鷲山大事年表 275

附錄

萬教並生蓮花
——心道法師前傳 柏楊 306

春深猶有子規啼
——訪道與勘驗 林谷芳 309

1

在緬甸的童年

1948-1960

緬甸，一九四八

這故事得從一九四八年的緬甸說起。

Myanmar 對很多人來說是陌生的，即便還原爲 Burma，也僅僅讓人想起那個長年隱匿在罌粟的花萼背面的國度，宛如入定不起的老禪師，搭著一襲神祕的袈裟。我們腦海裡能蒐尋到有關緬甸的關鍵詞，第一個是「金三角」，接著是「罌粟花」和「鴉片」，緊跟在後的是「貧瘠」與「神祕」。這不是全部的眞實，世世代代崇信佛教的傳統緬甸人民是反毒的，他們頂多抽抽水煙，可是由少數民族武力控制的邊疆省份，卻無法捨棄宛如聚寶盆的罌粟花田，這讓政府頭痛不已。緬甸要在二〇一九年實現無鴉片種植的大夢，得先消除根植在少數民族身上的「貧瘠」與彼此的地盤爭鬥。

「緬甸」作爲一個詞彙，經常被「緬懷」和「沉甸甸」瓜分，很多人一輩子也寫不上十次的「緬甸」。身爲一個佛教國度，它又被泰國更巨大的佛國形象遮蔽，好像小乘佛教只南傳到暹羅，紅色的袈裟隱沒在橘色的背面，連衣角都看不見⋯⋯。一旦「緬甸」在對話中僥倖出現，我們的語氣裡經常帶著一縷輕輕的，無知的驚歎：「啊，緬甸⋯⋯」

「一九四八」對緬甸人民而言，是一個虛幻的時間刻度。

歷史學家為這個刻度費盡筆墨，它跟緬甸歷史上每一個古王朝的興衰交替一樣重要。公元一九四八年一月四日，緬甸正式擺脫大英帝國差不多一甲子的殖民，使勁卸下被外族統治的恥辱。但它已經沒有力氣重建蒲甘王朝或雍笈牙王朝的盛世，更沒有因此稍稍富裕起來，緬人慶祝獨立的激情，隨那短暫的煙火消散無蹤，緊接其後的是難以平定的少數民族武裝衝突，以及政權更替，軍政鎖國的緬甸持續孤立超過了一甲子……。它的關鍵詞還是那麼牢不可破，也不容更新，持續盤踞在大氣之中的，還是鴉片。

在滇緬邊界有太多窮困的村落，數十年來村容幾乎不變，依舊是一帽一帽的草蓋木房子，水牛蹄子踏過黃土的街道，即使有車子也是教人喊不出名堂的舊款式。「貧瘠」一詞，眞的足以形容所有的景物。位於臘戍省賴島珊區的賴坎村就是一座典型的窮村落，在滇緬邊界毫不起眼地蹲著，彷彿在等些什麼。

一九四八年的農曆九月，跟往年一樣濕熱多雨，如同蟒蛇般環抱著稻田的河水，遠比乾旱的夏季來得粗壯有力。涉水而過的耕牛，步步驚心。以務農為本的賴坎村有一戶鐵匠，祖籍雲南騰衝的店主楊小才空負一身好手藝，但這窮鄉僻壤實在沒有什麼生意可做，打來打去就那幾件超級耐用的舊農具，他不得不嘗試到外地去找工作。當時滇緬邊界如同虛設，兩地人民自由來去，好比從自家的前院走到後院，楊小才常在國境邊緣來回討生活，偶爾回家就閒下來抽抽鴉片。大部分緬甸男人都抽鴉片，跟抽菸一樣平常，他們大都不顧家，四處閒逛，把農事和家務全交給女人。楊小才把所有美好與艱苦的事物全交給同鄉的妻子。

緬甸女人在這個農業社會裡扮演著重要的角色，無論煮飯、種田、飼養牛羊都一手包辦，當然還得在公田裡種植罌粟或稻米。不管她原本出身為何，既然嫁到這裡，就得撐起這個家園，在廚房烹煮在田裡耕作。動亂的時代，加上窮困的家境，她的日子過得跟大部分緬甸女人一樣苦。

賴坎村很小，全村不過三十餘戶，任何陌生人的出現都會引起大家的注意，任何不可思議的事都會留下清晰的記憶。她首次分娩那天的種種異象，多年以後還流傳在老一輩村民的口耳之間。

在她臨盆當天，鄰居看見三個僧人在楊家門口議論，好像在商討著究竟該由誰進屋裡去。接著其中一人走進了楊家，另兩人兀自離去。奇怪的是，進了楊家屋裡的僧人竟然憑空消失，自此不見蹤影。雖然當時緬甸境內的僧侶不少，十三年後佛教便變成國教，但僧侶們大都聚集在曼德勒城，極少出現在危險的金三角地區。而且當天晚上風雨雷電交加，在緬甸是十分罕見的天象。兩件事加起來讓大夥兒覺得很玄，又很納悶，種種揣測和想像讓這個事件清楚且鮮明地記錄了下來。

異常的雷雨引發了雞犬相鳴，讓她臨盆的茅屋顯得更加無助，所幸最終順利產下男

——賴坎村是一座典型的窮困村落。

嬰，取名楊小生，聽起來像楊小才的同輩兄弟。其實對當時的緬甸人來說，名字只是一種方便的稱呼，談不上深意，更沒有顧忌。男人的名字往往隨意亂取，女人更是似有若無。名字根本不重要。重要的是當時阿生的母親心裡在想什麼，對這孩子有什麼樣的期待？她會不會把消失在屋裡的僧人和異常的天象，視爲上天的某種暗示？

紅色羅漢鞋，巨大的蟻穴

楊小生在困苦的環境中幸福地成長，父母親和姑母楊小四都很疼他。尤其嬰兒時期，尚未出嫁的姑母常常揹著、抱著他，很少放下來。阿生自小喜歡紅色的衣物，母親織了一雙紅色的羅漢鞋給他，或許當年進門後消失的僧人，曾在她心上烙下某種奇特的印記。當然她想不到，穿在阿生小小腳丫上的紅色羅漢鞋，竟成爲他童年印象最深刻的東西。

兩年時間一下就過去，阿生的母親又要生產了。這次沒有消失的神祕僧侶，沒有雷雨雞犬的交鳴，最糟的是沒有助產的親人或產婆，家裡只有母子二人。她只好命兩歲的阿生扶住嬰兒的頭部，照著一個接一個大汗淋漓的指示，總算順利接生了妹妹楊小苹。

妹妹出生後阿生還要爭奶吃，母親先是在乳房上塗辣椒，但沒用。後來她把心一橫，塗上雞糞，才絕了阿生吃奶的念頭。他是一個機靈的孩子，愛說話，也愛聽人家說話。山腰上的小茅屋是他的兒童樂園，成天跑來跑去的，匱乏的物資條件並沒有稍減他的生活樂趣。有一次他聽到母親和鄰居大嬸在樹下聊天，正聊到他出世那天的異象，大嬸回想起三位僧人的事蹟，覺得阿生可能與佛有緣，母親則補上一則不爲人知的趣事，她說臨盆當天的下午，半醒半睡之間，突然看見祖先的供桌上出現一條大花蟒蛇，把她嚇得睡意全消，當晚就生了。你一句我一句，兩人正要把僧人、雷雨、雞犬和蟒蛇繫聯起來，赫然發現阿生獨自跑出來玩，母親隨即中斷了交談帶他回家去。可是她們的每一句話，都清清楚楚地烙印在他的腦海裡。

阿生太好動，一般的方法管不住他，於是母親編出許多諺語或習俗來教育他。譬如在吃東西的時候，有人想分一杯羹，他大都不肯，母親便半勸半嚇地說：「大家吃，大家香；一人吃，生大瘡。」他心想生大瘡可不妙，只好乖乖與別人分享，久而久之便成習慣。其實他在家裡十分受寵，每次吃雞都分到一支雞腿，雞內臟是不准吃的，母親說那會讓人腦筋失靈，常常想岔……。但她沒有解釋爲何大人可以吃。他從來不去反駁父母親講的話，只要是他們嘴裡說出來的都是法律。他跟母親比較親，因爲父親不常回家，往往一回來就躺在床上抽水煙，偶爾也抽一口較昂貴的鴉片。有一次他肚子痛，父親給他抽了一口，很嗆，又頭暈，從此遠離這股可怕的氣味。

父親留下的有限印象裡，菸草占據了極大部分面積，裊裊輕煙徹底糊掉父親的臉，卻怎麼也糊不掉佛的眉目。

還不太懂事的他，對佛像有一種無以言說的、強烈的熟悉感。當時緬甸有一個品牌的牛奶瓶上印著彌勒佛的圖樣，大家都把它叫作「彌勒」。第一次聽到彌勒的佛號，就覺得好像在哪裡聽過。多年以後他在台灣第一次看到西方三聖的佛像，也產生類似的熟悉感。連自己都感到奇怪。

幸福的日子很短，在四歲那年，生性驃悍的父親跟一伙緬共發生衝突，他們可能是為了擴張勢力才跟楊小才這個賴坎村最強勢的人物卯上。單槍匹馬的楊小才當然不是十幾個緬共的對手，幾下刀光拳影，就被制服了。在父親被緬共架走的那一刻，號啕大哭的阿生立時被親戚抱離現場。村民們都知道楊小才後來被殺害的地點，可是大家更怕緬共，非但沒有人敢替楊小才收屍，甚至連那片林子也不再靠近。一段日子之後，那裡出現一坵很大的蟻窩，把他的骸骨埋葬起來。他的血肉孕育出的這個生態奇景，後來有人說這蟻窩蛇穴，乃風水之地，這算是唯一令人欣慰的事了。

楊小才之死始終是個謎團。過了很多年阿生才有機會根據村裡的傳聞，努力拼湊出一些頭緒，大略推斷出可能是楊小才跟緬共結怨在前，後來遭到這伙仇家的挑釁與報復。楊小才果真只是一個鐵匠嗎？每次出遠門只單純為了謀生嗎？在那個盜匪作亂的時

代，根本沒有法律可言，生命只是一個隨時增減的數字。早在父親遇害前幾天，在阿生將睡未睡之際，隱約聽到客廳有人在交談；過了一會，母親進來替他整理了一下被子，俯身看了看他，隨即抱起妹妹依依不捨地離去，留下一段永遠不能眞相大白的苦衷。其實他清楚感覺到母親這一去永遠不會再回來了，卻不哭不鬧，心裡出奇地平靜，繼續假裝熟睡，彷彿知道母子之間的緣分已盡。還那麼小的孩子，已經會

草蓋的木房子，
是記憶中最溫馨的關鍵詞。

認緣不認人了。他不清楚是否父親叫母親先行躲避，那爲何獨獨留下他呢？諸多問題早已湮滅無蹤。

父母離開後，原來居住的茅屋跟著塌了下來，埋掉童年最美好的記憶，甚至埋掉母親的名字。

儘管她分娩的那天產生了許多異象，但她的名字在村人的記憶裡，依舊是模糊的，連她自己的兒子都來不及記下來。必須再等上四十年，等他以心道法師的身分再度回到賴坎村，走過水牛橫行的黃土街道，走過同樣的草蓋木房子，同樣的關鍵詞……，再根據昔年茅屋倒塌的位置，和母親那矮矮胖胖的身軀、清瘦的臉龐，以及最明確的李氏。總算在村裡老人記憶的最邊陲，蒐尋出一串相關的訊息，原來母親名字叫「李淑珍」，後來再經過多方的比對才確認爲「李淑貞」。但七次尋母皆無著落，要滿這個緣，還眞難啊。

頹壞的幸福，行走的江湖

家破人亡的阿生，從此過著寄人籬下的生活。

先是姑母楊小四肩負起養育阿生的責任，很不幸的，在他六歲那年姑母也去世了，還好姑父尹湖南對他不錯，他開始和姑父行走江湖。姑父是一個多才多藝的人，也很會做生意。他有時唱戲，有時賣布，有時賣藥，但在這貧瘠的山區，老百姓的消費能力奇差，姑父使盡渾身解數也賺不了幾個錢，兩人還是過著顛沛流離的流浪生活。他們穿越的山林，常有老虎和毒蛇埋伏在叢林深處，伺機而動，所以要提高警覺。尤其在伸手不見五指的夜晚，荒山野嶺沒電燈，趕路的姑父和阿生又沒電筒，老虎常常尾隨在後，明知有危險卻又不能做些什麼。山野行走萬萬不能心慌，一心慌，死神馬上撲過來。碰到像樹一般粗的大蛇橫在路上，得繞道而行；碰到小蛇就跟牠講說：「你要生活，我們也要生活呀；你走你的路，我們走我們的路吧……」蛇還眞會聽人話，隨即離去。在叢林裡行走，月亮是重要的指南針，沒有月亮走起來較容易迷路。山路難，生活更難，姑父常常蹲在門檻上，遙望著昏黃的天色嘆息，說緬甸的日子眞不好過。

姑父是一個讀過書、而且頗有責任感的人，對他視同己出，教育十分嚴格。

年幼的阿生對這個充滿新鮮事物的世界十分好奇，遇上陌生的事物總要探索一番，好多次不小心把事情搞砸了，然而不管他闖了什麼樣的禍，姑父都會設法解決。姑父儼然是他生活中最大的後盾。生意不好，生活陷入困境的時候，姑父免不了發發脾氣，常常埋怨自從阿生跟了他以後日子便潦倒起來，一副慘遭連累的樣子。生活潦倒與否，並沒有降低阿生對外在世界的好奇心，對情緒也毫無影響。有一次到河裡玩水差點溺斃，又有一次實在太皮了，姑父拿起父親遺留的那把番刀追他，一邊作勢喊著要殺他，結果他只好逃家，等姑父找了好幾天，快急死了，他才自己跑回來。其實他很黏姑父，姑父當然也很疼他。楊小生七歲那年，姑父續了絃，新娶的（後）姑母並不怎麼喜歡他，尤其不相信那些與他相關的種種傳說。當年有個雲南傳統巫師「端公」替他算過命，說命好，有出息，將來可能當個大將軍。（後）姑母卻譏諷他：「你看看他的狗屎相，會做什麼？我不相信！」

阿生雖然年紀還小，思想卻十分早熟，一旦確定了某個想法，必然付諸行動。為了減輕姑父日益沉重的生活負擔，他多次離家出走，去賺錢補貼家用。前幾次被姑父追了回來，後來竟獨自翻山越嶺，到南札拉一帶打零工、顧孩子，還幫人放牛。這時阿生才七、八歲，沒幾分力氣，但他不想再連累疼愛他的姑父，也不想再寄人籬下，可是，何處為家呢？有時沒有工作，便向人借米或者連餓三餐，那時只覺得肚子空空的十分難受，根本不會感到恐懼，他也不認為這是什麼苦日子。生活就像流水，順勢而流，雖然外在環境有了巨大的改變，但他的本心不變，亦無所謂好壞日子的分別，一切只是不同的歲月內容而已。在一九五〇年代的滇緬邊境，生活困頓是一種共象，在窮困當中的小滿足，就是大幸福。

滇緬孤軍的生活版圖

自從一九四八年緬甸獨立以來，各地區的軍事叛亂紛起。先是由宇努領導的社會黨政府敉平了擁有二萬五千黨員的緬共之亂，將他們逼退到東北部撣邦山區；至於在英殖民時代占據貧瘠的丘陵地區的少數民族（欽族、喀欽族、撣族、卡倫族），為了抗衡占全國人口四分之三的緬族在政治上的優勢，也產生不少反政府的行動，其中卡倫族的軍事叛變幾乎攻占首都。緬甸東北部，有一支國民黨從雲南撤退過來的第二十六軍，後來轉型成一支相當規模的雲南人民救國軍，正式的番號叫「雲南省游擊軍」，主管川滇黔貴四省的反攻任務。一九五一年一月十一日，「雲南省游擊軍總指揮部」正式成立，國民政府任命李彌將軍為總指揮。這支游擊隊在一九五四年第一次大撤退後，剩下半數的軍民即被國民政府遺棄在滇緬地區，成為一支沒有國籍的孤軍。經過幾年的努力，它又恢復成一支上萬人的游擊大軍，盤踞金三角，且多次擊敗緬甸軍隊。

當年緬甸邊境的山區真的很亂，有政府軍、少數民族軍團、國民黨孤軍，再加上土匪，因此根本無法進行任何教育或社會建設，各路人馬只把兩樣東西放在心上：毒品與軍火。

一九五七年，險峻的大環境終於向阿生伸出觸角。

這一年他已經九歲了，卻從來沒有受過教育，在這個蠻荒的亂世，讀書是一件太奢侈的事。有一天姑父家來了一個相識的軍官魯定洲，他不禁好奇地跟對方聊了起來，後來被問到想不想讀書。「讀書」二字像暗夜裡的煙火不可思議地燃放起來，徹底照亮他內心深處的求知欲，沒有比這更狡猾更誘人的詢問了。把「戰爭」和「死亡」隱匿在想像的藍圖一隅，「讀書」竟成了美化軍旅歲月的雲煙。如此半哄半騙，把年少無知的楊小生拐走。其實他內心還有一個更單純的想法：參加游擊隊可以成爲一個對國家有用的人。懵懵懂懂之中，一股追求和平的意念孕育在阿生的胸襟裡。

他知道姑父不會讓他走，但姑父隱約感覺到阿生勢必離他而去，很是感傷，遂在家裡像鴕鳥一樣蒙頭大睡。他當然捨不得姑父，但這個機會正好讓他可以減輕姑父的生活負擔，同時又可以接觸另一個充滿陌生事物的世界。幾經掙扎，最後他還是走了。

到了集合地點才發現，這回被拐騙的孩子共一百多人，年紀都不相上下。大夥兒從賴島珊起程，一起翻山越嶺，從上緬甸走到下緬甸，不僅路途遙遠，而且全是四千到八千英呎的高山，山岳與河谷之間的海拔變化極大，巨大的溫差考驗著孩子們瘦弱的身體。此外，又得注意隨時狙擊的緬甸正規軍，以及那些隱身在草叢裡的殺人族、毒蛇與猛獸，其中最可怕的是山豬和老虎。山豬皮厚牙尖脾氣也硬，一旦驚動，便引來鍥而不捨、衝鋒似的追殺；老虎可怕的不只是利爪獠牙，還有狩獵的耐心與策略，這兩種猛獸任誰都惹不起。偏偏雨林的植物又長得那麼茂密，敵人與猛獸彷彿就在咫尺之處，呼吸著同一股悶熱的氣流。入夜之後大夥兒就地紮營，每人分配到一張毯子，席地而睡，連最起碼的帳篷也沒有。阿生和大他一歲的普漢雲總是睡在董生有的身邊。董生有，大家都叫他「董隊長」，是個精悍強壯的青年。這條路眞的好長，阿生從不喊累，撐過了一個山谷，咬咬牙又是一座山頭；堅忍的耐力和大無畏的勇氣，此刻在他身上一一顯現。他們足足走了一個半月才抵達駐防緬甸的國民黨軍三十五團之營地，離泰國邊境不遠的賴東。

賴東軍營座落在山林之中，有好多間簡陋的茅屋，只用樹枝和樹幹當牆，屋頂則是由樹葉披蓋而成。所有的設備都就地取材，以實用爲上，根本不考慮美感。這片被稱爲「滇緬」的地區面積非常寬闊，橫跨寮、泰、緬三國領土；從東到西約四百公里，由南至北近五百公里，相當於兩個台灣的面積。不過這片山林卻不是人住的，全是毒蛇、猛獸、瘧蚊和瘴氣；住民們窮得連一雙鞋子都沒有，而且大多身染惡疾，發病時就倒在地上任由病魔摧殘，等痛楚消失再爬起來工作。呻吟，是最便宜的消痛藥方。

來此當兵的阿生根本沒有任何福利可言，全身上下就那麼一件褲子，不管冷得要死或熱得要命，還是那一件。所幸阿生從小就很愛乾淨，衣褲雖然簡陋卻維護得很好，不像髒兮兮的野孩子。由於他們全都沒有鞋子可穿，所以天冷時腳底免不了被凍裂。對自小窮慣的阿生來說，這裡的環境是無可挑剔的了，起碼有飯吃，不像以前那樣經常餓肚子。經過三個月的新兵訓練，阿生被隊長分發去當傳令兵，還替他改名爲「楊健生」，但大夥兒不會寫「健」字，常常筆誤成「楊進生」。這個將錯就錯的名字，是心道法師的第二個俗家姓名。那時他並不知道「楊進生」不僅僅是一個新的名字，也是新的身分、新的生命歷程。

飛行的羅漢，出家的種子

才九歲的楊進生，根本不懂軍人的意義，更遑論軍紀，身爲傳令兵卻成天在玩，找不到人可使喚的長官只好親自去傳令。有一回奉軍長的命令去塡平廁所裡的糞坑，三個孩子玩昏了頭把命令丟在腦後，吵到軍長的午睡，結果被罰關在豬圈的木籠子裡一天一夜。第二回是跑出去找朋友，因爲天色晚了就順便留宿，沒想到隔天早上快快樂樂回到軍營，即刻被關進地洞裡。深夜的雨林再暗，尙能大致分辨出物體的輪廓，樹是樹，人是人，地洞的黑暗卻遠遠超出阿生的想像，黑天暗地，伸手當然不見五指，彷彿天地萬物都消失了，時間也不存在，只剩下自己。一層一層的幻覺把阿生包裹起來，透不過氣，闔不上眼。

歷時一星期的地洞的經驗，在他生命中留下玄奧的伏筆。

在軍中闖關可不比姑父家裡，再也沒有人替他承擔和解圍。姑父得知他懵懵懂懂入伍之後，曾找上那位相識的游擊隊員，要跟他算帳，喊打喊殺，企圖逼他把阿生帶回來。不過事情終究沒有結果，沒有孩子的姑父失去阿生這個唯一的精神寄託之後，不久便鬱鬱而終，過世的時候才四十幾歲。由於層層疊疊的山巒困住訊息的傳播，這件令人遺憾的事，過了好幾年後阿生才間接得知惡耗。

心道法師是念舊的，追憶起接二連三離他而去的親人，內心總是充滿感恩之情，但他對種種生離死別，並不會特別難過。他知道這世上不會有人再回憶起這些親人和戰友，出家之後，每逢法會他都替這些往生的親友誦經祈福，尤其在靈鷲山水陸法會上，總是爲往生親友們一一立牌位，希望藉由佛菩薩的慈悲願力，讓他們在無盡的輪迴痛苦中獲得解脫。心道法師認爲靈性是平等的，親疏恩怨乃是因果組合的戲碼，出家人遊戲於生死，對眾生反而是一份「同體大悲」的悲念。其實早在阿生少年時候，已經有了類似的，尚未成型的想法。

一九五七年，一股不可思議的力量震撼了阿生。

有一天，阿生和伙伴們到三十五團駐防範圍內的一個村落玩捉迷藏，光天化日之下，他親眼目睹了一位身著紅色緬甸袈裟的和尚，像正常人走路一樣，直挺挺地淩空掠過水潭，最後消失在視線之外。

這個似幻似眞的紅色身影猛然拂動了他的心弦，在內心深深種下尋找阿羅漢學佛問道的種子。這種名爲「神足通」的懸浮式「氣行現象」，跟瑜伽術裡的八種特異功能十分相似。兩千年來在基督宗教的史籍中，也記載了二百多位具有懸空飄浮能力的神職人員，其中一位十七世紀的老教士在眾目睽睽之下懸浮過一百多次，當時留下許多記載聖蹟的繪畫。九歲的阿生當然不知道這些，只覺得非常震撼，他不曉得什麼是神通，不懂得科學，也沒聽過武俠小說裡的輕功，但他相信自己親眼目睹的飛行奇蹟。

那時他還不懂佛法，但每一座出現在視線裡的佛塔寺院，彷彿都在召喚他，總要進去看看，內心才會舒坦，偶爾坐下來歇歇腳，他也常常盤起腿來打坐。飛行羅漢的神通事蹟對年少的阿生而言，幾乎可以形成出家的誘因，太虛大師當初出家動機亦是如此。當然這時候楊進生不曉得誰是太虛大師，更不知道大師早在一九四七年便圓寂了，次年他才出生。

飛行羅漢在阿生心中埋下一顆出家的種子，悄悄發芽。

或許是物資和糧食長期匱乏，大部分緬甸人都只吃早晚兩餐，大夥兒皆很能挨餓，幾乎成爲習慣。在軍隊裡最大的好處是不愁吃，跟以前相較之下，可說是好吃好住。三十五團有時會派出狩獵隊伍去打山豬來加菜，大隊人馬荷槍實彈到森林裡尋找山豬的腳印。山豬是豪豬的別名，是一種全身披棘的大型齧齒類動物，雖然生性凶狠，卻不是肉食性動物，牠們主要是草食性的，經常挖掘草根、樹芽和山藥來吃，有時甚至連土壤裡的蚯蚓也不放過。狩獵大隊必須找到新的腳印，這不難判斷，凡是剛踏過不久的新腳印，上面不會有其他的覆蓋物，而且整個山豬蹄的稜線十分清晰，好比都市裡的狗剛剛踏過新鋪的水泥地。一旦找到新鮮的蹄印，表示山豬就在附近。不過山豬行動敏捷，不容易打中，通常是用圍剿的方式，把牠逼到某個預設的缺口，才下手。楊進生曾經跟隨隊伍去獵山豬，即便同行的其他同伴情緒昂揚，他都沒有加入，只在一旁觀看。

以游擊隊形式作戰的三十五團雖然號稱上萬人，但槍械不夠，國民政府根本無法支援任何軍火和器械，子彈每打一發就少一發，實際武裝人員只有五、六千人，其餘的只能算是非武裝的儲備人員和軍眷。阿生在部隊裡的日子，僅有象徵性的隨軍教育，根本談不上「讀書」二字，他卻學到許多在莽林中生存的技能。雖然他們也開墾種菜，不過山中可以採食的植物也實在不少，不容錯過。於是他們常常去砍芭蕉、採野菜回來下飯。慢慢的，他學習到如何判斷哪些果子可口或有毒，以及各種花草的藥性，這對他日後熟悉山林閉關的野生生活，或許不無關係。除了上山採菜，他還要負責劈柴。先把濕柴鋸開，再用斧頭去劈成較小的木片，反正對他而言又是一件好玩的事。印象最深刻的是除草，除罌粟田裡的野草。

罌粟的天堂，滇緬邊區的煉獄

鴉片是無所不在的，從父親的菸管到眼前的大片罌粟田，怎麼看都不像是毒害世人的農作物。在他天眞、稚氣的眼裡，罌粟花簡直是世上最美麗的花，什麼顏色都有，而且花瓣上的色塊分布得恰到好處，十分迷人。如果不是惡名昭彰，它極可能被奉爲緬甸的國花。

罌粟（Papaver somniferum）最早產於土耳其，原名「阿芙蓉」，被元朝的蒙古軍隊帶到中原，當時中原有一種叫虞美人（Papaver rhoeas，又名麗春花）的花卉，開花後的蒴果結得像酒罌一樣，裡頭的種子則像粟米；阿芙蓉跟虞美人同屬罌粟科植物，長得很像，由於前者比後者的蒴果更像酒罌，種子更像粟米，所以漢人就叫它「罌粟」。這兩種同科植物唯一的差別，在有毒和無毒。在雲南山區大量種植罌粟，已經是十九世紀末葉了。

泰國、緬甸、寮國交界的山區海拔適中，經常下霜，根本就是罌粟的天堂。由於二十六軍的長年駐留，直接打通了泰、緬、寮三國的鴉片貿易，像黃金一樣值錢的鴉片才能暢通無阻地運銷出去，於是這裡便被國際傳媒稱作「金三角」，這裡是罌粟的天堂。

當時阿生並不清楚罌粟花背後的歷史，他只記得賴坎村的雲南婦女們，在罌粟未成

——當時阿生並不清楚
罌粟花背後的歷史。

熟的朔果上劃出一道裂痕，流下來的白色汁液即可製成鴉片。罌粟籽可以拿來榨油，也可以製成小孩子的零食，吃起來像芝麻一樣。他父親偶會抽生鴉片，鴉片在這裡是華人交際應酬時的高級品。城鎮裡的漢人和泰人抽的則是經過兩、三個月發酵後，味道較濃的熟鴉片，傳統緬人是不抽鴉片的，頂多抽一抽水煙筒的菸草。阿生常和軍中的小伙伴到罌粟田裡除草，否則幼苗會長不好。但三十五團嚴禁抽鴉片，以免失去戰力，他們較喜歡喝酒，以驅除身體裡的濕氣。

緬甸人都用糯米來釀私酒，也有一些是水果酒，因爲水果不耐保存，用來釀酒才不會浪費。山區的海拔高，而且濕冷，喝酒已經成爲一種十分普遍的習俗。阿生完全沒有酒量可言，才喝一杯就醉倒，根本無法達到緬甸人應有的水準。

一九五九年九月，國民聯軍出動上萬人的部隊，攻占雲南的兩個縣，取得重要情報之後立即退回金三角。這個優異的戰果，埋下日後緬甸政府軍、中共解放軍、國民聯軍三方大戰的導火線。一九六〇年九月，五萬八千名中共軍隊在滇緬邊界結集，配合一萬二千名緬甸軍的作戰準備。一九六一年一月三日，緬甸政府宣布結合中共的軍隊來夾擊國民聯軍；一月二十五日上午十時，中共派遣一支兩萬人的先鋒部隊進入緬甸，對三十五團展開正面攻擊，雙方打得十分慘烈。

遲至一九六一年一月，十三歲的阿生才奉命加入三十五團的作戰任務，其實他個子十分瘦小，步槍還高過他的頭，而且比他還値錢。大隊受命駐防地勢險峻的邦鳩弄，由於戰況緊急，不得不把少年兵也送上戰場，阿生沒有分配到槍械，他負責攜帶手榴彈和其他彈藥，緊緊跟在武裝人員後面。剛開始他還不懂得怕，以爲是玩官兵捉強盜，揹著一袋軍火，在樹椥、草叢、壕溝之間閃閃避避，覺得十分刺激又好玩，完全不知道害怕。當時眞的不知道人命是什麼，早上分配食物給他的叔叔伯伯，怎麼晚上卻變成屍體啦？原來好好的一個人，說死就死了。在這兵荒馬亂的時代，人命還抵不過一支步槍的價值，原本持槍的人戰死後，珍貴的步槍便交到下一個儲備人員手裡。好像在交接死神的棋局。三十五團在這場戰爭中雖然殲滅數倍的敵軍，卻也死傷慘重，不斷轉移戰線，阿生在槍林彈雨中，再度強烈感覺到生死的無常，以及戰爭的殘酷。當雙方爲了戰勝而無所不用其極地展開殺戮，怨氣亦不斷累積，殺業正是一種嗔怒怨恨的作用，在此凝聚成無從控制的一股循環報復的業報，即使肉身死了，他們的怨氣和業力依舊存檔於天地之間，相互召喚共震，再伺機引發下一次的戰爭與災難。

他還記得在緬甸叢林裡最後一次的遭遇戰，雙方已打得難分敵我，他緊跟一個年齡較大的隊友在生死的縫隙間閃躲，緬甸政府軍和中共陸軍的子彈在樹叢裡交織成綿密的火網，死神在震耳欲聾的炮火中，累計祂的成果，打造出人間之煉獄。身陷在混戰中的阿生，絲毫不曉得整個戰局的變化，也顧不上，在他眼前只有生存或死亡。年僅十三歲的他，多次經歷親人的生離死別，每次事故都讓他獲得更深一層的體驗。尤其眼前這場戰爭，更是空前強烈地感受到生死。

戰爭的目的原來是爲了以戰止戰。當初他參加三十五團只是因緣際遇，走一步算一步，懵懵懂懂的他原來希望爲平定亂世出一份力量，可是戰爭所帶來的殺戮只有製造更多仇恨和不幸。「到底如何救世救民？」在少年楊進生的心中從一個問號，逐漸變成日後維護世界和平的遠大志向，是可以預料的發展。

三月二日，又有四個師的中共軍隊加入圍剿國軍游擊隊的戰爭，僅有六千武裝兵力的三十五團要對付合計七萬人的中緬聯軍，情況當然十分危急。幸虧過沒幾天，台灣當局便在聯合國的壓力下，再度下令這支孤軍撤回台灣，這是繼一九五四年七千軍民的大撤退之後的第二次。阿生是三十五團年齡最小的成員，團長張國杞一向都很照顧他，瘦弱的阿生在行軍時有時走不動，張國杞便把他拎上騾馬，看他在戰火中跟大夥兒一起吃苦，也很不忍心，於是決定把他送去台灣，希望他能夠更好的活下去，有機會求學讀書，幹一番事業。

一九六一年三月下旬，代號爲「國雷演習」的撤軍行動開始，將第一批駐緬軍人及家眷由空路撤回台灣；到四月十一日爲止，共三百五十六架次的運輸機，完成四千二百九十六人的撤軍行動，撤去歷時八十天的戰火，也撤去部分孤軍和軍眷。部分不願撤回台灣的雲南省人民救國軍，爲了避免中緬聯軍的夾擊，悄悄撤出緬甸東北的撣邦，轉進泰北山區。繼續率軍駐守異鄉的張國杞團長不時掛念阿生瘦小的身影，多年後當他聽說當年那小伙子成功籌建了靈鷲山和世界宗教博物館，心裡感到特別安慰，當年送走阿生的決定是對的。

2

少年楊進生

1961-1972

撤向一九六一年春天的台灣

西元一九六一年，佛曆二五〇四年，在緬甸現代史上是非常特別的一年。

首先是緬甸政府正式修憲，明文規定佛教爲國教。其次是國民黨孤軍的第二次大撤退，平息了一場慘烈的混戰。這一年對楊進生來說，是生命中很大的一個轉捩點，他從此離開莽林裡的戰火，來到台灣這片大乘佛法的沃土，並正式接受學校教育。當時國民黨在台灣剛剛站穩了腳步，軍事上獲得美軍的協防，經濟上也得到美援的推動，正由小規模自耕的農業社會，轉型爲以加工出口爲主力的輕工業。整個社會充滿活力，人民開始接受現代社會的思想，中國現代佛教的導師——太虛大師——生前倡導的人生佛教，取代了農業社會注重鬼神祭拜的傳統佛教。

太虛大師身處民國初年，國內政局動盪不安，加上兩次世界大戰的衝擊，讓他理解到當前文明衝突與世界戰爭的根源，是來自帝國主義的傲慢與資本主義的競爭。這些煽動人性的貪、嗔、癡的共業機制，滾動了世紀的浩劫，唯有東方的生命智慧能夠化解問題的根源。他認爲當務之急唯有發揚佛教、落實教育，所以窮畢生之力企圖建立中國佛教史上最完備的教育制度，有系統地培訓僧侶，具體勾勒出一幅完美的「世界佛教」藍圖，包含世界佛學苑、漢藏教理院、淨土苑、禪觀林等組織機構。太虛大師覺得現代佛教僧侶的定位必須調整，不能再隱居山林、急於證果，僧侶們必須入世，重新調整自己的社會角色，以糾正社會大眾對佛教末流重死、重鬼、重神的非議。一九四四年，太虛大師匯集十一年來所有相關論述，編成《人生佛教》一書，進一步闡述落實方法和步驟。雖然直到一九四七年三月十七日，太虛大師在上海圓寂前，還未能親睹中國佛教的復興，甚至還遭遇當時社會的異樣眼光與傳統佛教勢力的抵制，但他首創的「人間佛教」理念卻在台灣獲得良好的孕育；譬如銜太虛後「以師志為己志」的慈航法師，便是其中翹楚。

此時，阿生根本搞不清楚狀況，反正在張國杞團長命令下，孤家寡人的他便跟著大夥兒一起撤回台灣。浩浩蕩蕩上千人先從水路坐船到泰北的清邁，然後轉乘專派的軍用運輸機，直飛台中清泉崗。軍用運輸機 C-46 擁有渾圓的機頭及碩大的機身，左右兩翼各有一具螺旋槳引擎，在阿生緬甸式的原始解讀中，那是一架「三個頭的老母雞」。坐上去，像鳥一樣起飛，平平穩穩地飛行了九個小時。

他總算離開了緬甸，在三十五團的游擊隊生涯中，最令人刻骨銘心的不只是連天烽火，還有一九五七年羅漢掠過水潭的聖蹟。如今，他乘坐的「老母雞」則掠過緬甸山林和南中國海，飛向一九六一年春天的台灣。

台中是他這輩子第一次看到的現代城市，當時台中尚未發展起來，市區也沒幾條像樣的大街道，但已經夠新鮮的了。來自蠻荒的瞳孔，好奇地吞噬著沿途的景象，比走馬看花還來得急，來得潦草。簡陋的街景像一幅隨意潑灑的水墨，統統糊在一起。從長年戰亂、貧窮落後的緬甸，來到較和平、較進步的台灣，眼前的太平盛世，讓年幼的阿生重新認識生存的定義和生活的意義。跟戰地的生活相互對照，台灣的和平景象對他的衝擊非常大，戰爭帶來的苦難與和平的珍貴，在他逐漸成長的心靈深處，埋下一顆追求和平的種子。

右：眼前的太平盛世讓他重新認識生活的意義。
左：幼年兵阿生在台中潭子鄉新興國小就讀。

軍用卡車從清泉崗空軍基地啓程，直接把他們一群少年兵送到成功嶺上去，隸屬特種作戰司令部底下，番號「教導中隊」，共一百七十餘人，受訓一年半。後來台灣的政治領導人蔣經國先生在一次巡視該部隊後，即指示：「這些孩子能讀書的盡量讓他們讀書」，軍方遂將這群十八歲以下的滇緬孩子重新編制成「幼年兵中隊」，安插在特四總隊第一及第二中隊，訓練之餘還有所謂的隨軍教育，可以讀讀書。楊進生是上等兵，政府發給每月軍餉八十五塊台幣，那時陽春麵一碗才兩塊錢，折算一下，待遇還眞不錯。後來軍中重新查核各人的年資履歷，又把他降爲一等兵。

這群來自緬甸的雨林少年被安置在潭子鄉的軍營，國防部女青年工作大隊先後派遣多位女教官來教他們讀書，從注音符號學起。其中一位上尉女教官，始終覺得他們必須到學校去受正規教育，所以上呈申請，把他們送到台中縣潭子鄉新田鎭的新興國小去讀書。至於部分超齡太多或無讀書意願的孩子，大約九十人回去緬甸，另三十人則調回部隊裡接受特別訓練，日後調到總統府擔任侍衛。到頭來，連阿生在內正式入學的只有五十人左右，其中八人國小畢業後也去當侍衛了。

觀音聖號，開啓佛法大門

一九六三年初，十五歲的楊進生插班就讀新興國小四年級，班上其他同學只有十歲，但他的程度落差一大截，一切必須重頭來過。他首次見識到太平盛世的平民生活，一個非軍事的、沒有殺戮的安詳社會。這裡的孩子有著跟緬甸截然不同的生活背景，連最起碼的生活習慣也不一樣，他們活得比較平實，不像軍隊中有那麼多的精神訓練。在學校裡他學到廣泛的知識，不僅止於游擊技術。這次的接觸，重新啓動了學習生涯，同時也觸動了阿生的宿緣，讓他感覺到軍旅生活並不是他一生最適性的志願，對他以後堅決選擇退伍出家學道，有相當深遠的影響。

就讀新興國小四年甲班的時候，他還是住軍營，白天穿軍服去上學，放學後就回部隊。生活雖然正常化了，但依舊好玩，經常去爬山、爬樹、偷採果子，像猴子一樣。他把軍餉存一存，買了一輛破舊的腳踏車，從潭子騎到豐原去看電影。阿生對這個大千世界充滿好奇與探索的衝動，生活周遭總有許多新鮮事物吸引著他，但個性中同時又擁有沉靜的一面，讓他能夠坐下來沉澱這些閱歷，思考自己的志業與前景。玩歸玩，楊進生的功課還是追得上，因爲軍隊裡有晚自習時間，長官會過來看看大家的課業概況，平時上課的日子是不必出操的，只有寒、暑假才要訓練。軍中有一位上尉楊世春，特別疼愛阿生，甚至替他繳交學費，由於兩人相處得十分投緣，於是楊世春便收阿生爲乾兒子。

在新田駐防期間，佛的宿緣再度觸動楊進生的心。

在一次偶然的機會裡，他從軍隊醫官張啓富的口中首次聽到觀世音菩薩的聖號，心中大喜又大悲，不由自主地流下熱淚，彷彿爲長久追尋的生命問號偵測到了目標。

張啓富送給阿生一本課誦本，教他持誦〈大悲咒〉，說〈大悲咒〉的力量很大，可以安定鬼神，若持誦加持大悲水，水還會滾動，此水能夠利益眾生。後來緬甸籍的好友李逢春還不時會跟他分享觀世音菩薩「千處祈求千處應，苦海常作度人舟」的濟世事蹟。那份騷動不已的相應與感動，使他在內心立誓，奉觀音爲上

楊世春（左）是阿生（右）的乾爸爸，這是兩人到台灣後的合照。

師，並告訴自己：吾不成佛誓不休。「想必是宿世的因緣吧，一聽到觀世音菩薩的聖號，就像在無依無靠的苦難中找到一個依靠；也像聽到將自己從水深火熱中救出來的恩人的名字一樣，想從此將自己完全奉獻給祂。」觀音菩薩濟世行願遂成為他奉行一生的典範，不管經過多少年，他每次向別人敘說起這段緣起，當時的那股共鳴依舊強烈，他常戲稱自己生生世世是「觀音菩薩的僕人」。

《觀世音菩薩普門品》為阿生打開佛法之門，讓他從此鑽進佛典的天地之中。佛陀的本生故事和說法的內容深深吸引了他，在這裡頭他發現了許多人生的大道理。當同學在球場嬉戲的時候，他獨自坐在一旁摸索著，試圖還原經典裡的世界，任憑他們百般嘲弄與譏諷，依舊不動如山地沉浸在佛法的經卷裡，快樂地參悟著那些大家認定他看不懂的經義。

日子久了，好奇和嘲弄的眼神漸漸散去，只剩下比他小兩、三屆的趙安榮。趙安榮本是緬甸鄉下一間寺廟裡的小和尚，因為戰爭的緣故令他還俗當兵去了，後來也隨著部隊撤退到台灣，楊進生沉浸於佛典的態度打動了他，於是趙安榮便跟隨楊進生一起研讀佛經，誠心修道，每天早晚各打坐一小時。兩人常在下課休息時間，在校園一隅討論修佛的心得，每逢假日大夥兒結伴出去玩，他倆卻計畫著到哪座寺廟走走。很快的，六張犁和關西一帶的大小寺廟都響起他們參訪的跫音，其中潮音寺是他們最常駐足的地方。

潮音寺是一間木板和鐵皮搭建而成的簡陋禪寺，寺旁有一條清澈的溪流經過，環境十分清幽，有時他倆跳進溪裡游泳、打水仗。趙安榮的姐姐在這裡出家，正是這個因緣楊進生才結識了遠光法師和常緣法師，有事沒事就在一起天南地北地答問，成為忘年之交，經由他們的指導，開啓了他對佛法經藏的深層思考。對當時的楊進生而言，潮音寺簡直就是玄奘萬里取經的天竺，在此可以請教佛法，可以清清靜靜地終日禪坐，楊進生比趙安榮更適合這種生活，他就好像一具本來就屬於這裡的陳年木魚。

日子在佛祖的跟前漫度，禪悅而自在。

十五歲的刺青，起誓求道之心

有一天，李逢春提議一起吃素，兩人便發願茹素修道，以飯配鹽巴、薑、水果為食，一起研讀《觀世音菩薩普門品》。李逢春是阿生的好伙伴，年齡比他略長，在緬甸讀過書，常常告訴阿生許多有趣的見聞和故事。吃素著實不易，李逢春吃一吃便投降了，阿生卻老老實實吃下去。他個性就是這樣擇善固執，跟別人約定的事情一定堅持到底，即使對方已經放棄。

年僅十五歲的楊進生求道之心日益堅定，有一天他突然起了刺青的念頭。

在緬甸，許多和尚把經文刺在手臂和身上，有的甚至刺在頭上，他們相信如此一來更會獲得佛祖的保佑與賜福，同時也表現出他們修道、證道的決心。彷彿是記憶中掠潭而過的飛行羅漢在呼喚他，於是阿生拿起一根尖銳的針，在毫無麻醉的情況下，直接扎進皮肉之中。當針頭穿過密布著觸覺神經的眞皮層，那種面積細小卻無比尖銳的疼痛，大大考驗了一個十五歲少年最極限的耐力。肉身的疼痛與求道的決心，在這一針與下一針之間拉鋸。他先在左前臂內側刺上「吾不成佛誓不休」，然後在左前臂外側刺上「悟性報觀音」，接著又在肚皮刺上「眞如度眾生」的字樣，左右掌背及胸口各刺了一個「卍」字。因爲疼痛，所以文字無法力保端正，把筆畫繁複的「誓」字刺成一團，「觀」字則少了幾筆。尤其用左手執針來刺右臂時，更是吃力。

台灣民間不明緬甸出家人刺青習俗，偶有奇異的眼光，然而楊進生在青少年時期刻意留下的「青春記號」，其實別有一種決志的意義，蘊含著捨身報佛恩的深重承諾。這一針一血之間的盟誓，象徵了報答觀音的決心，是如此毫不遲疑、無怨無悔。那是流動在他血液裡的、與生俱來又早受薰染的佛緣。從另一個角度來理解，出生緬甸的阿生對僧侶刺青早已司空見慣，這是再自然不過的起誓方式。況且禪宗二祖慧可在雪中斷臂求道，唐代的法藏大師和民初的敬安大師，亦曾自燃指供佛（後者更有「八指頭陀」之號），全是大乘佛教的事蹟，只是世俗百姓知道的不多，所以當時他的朋友們看了都非常震撼。多年以後有些台灣媒體的採訪者，對他兩臂的刺青文字產生了莫大的好奇，甚至成爲報導的重點。不管那些記者能否感受到心道法師當年下針時的悲心與願力，但那個「誓」字，是那麼強烈、堅定地銘刺在肉身之上，必須一輩子面對著這個誓言。

這種精神和能耐出現在少年時期實非尋常，比較起來，更像是武俠世界裡的大俠們特有的本質。

大俠夢，劍及履及的人格特質

阿生一向都很迷《西遊記》、《七俠五義》、《封神榜》和武俠小說，金庸、梁羽生、秦紅等大家的武俠小說幾乎全部看過。那是他眞正的文學讀本，常常在上史地課時，把小說攤在膝蓋上偷看，越看越入神，講台上的老師、身邊的同學、課本的內容全都不存在了，只有正派大俠的神掌和邪道高手的奇兵在廝殺，五十分鐘的刀光劍影，比緬甸的戰火還要危急和刺激。隨堂神

年輕的阿生懷抱著當大俠的夢想。

遊武林的阿生，史地科分數尚能維持八、九十分左右，也算難得。神州大俠的魅力是無孔不入的，楊進生和李逢春都很神往那樣的俠義世界，他們竟然異想天開，約定一起自習武功。這兩個富有實驗精神的好伙伴，一旦確立了方向就去做，從不考量是否能夠達到目標，始終相信天下沒有什麼可以難得倒他們的。

這種劍及履及的行動派人格特質，對心道法師日後開山立派的志向，有決定性的影響。

話說這兩個裝著滿腦子武俠小說的熱血少年，一大清早便起床，開始修練他們的鐵砂掌和輕功。聽來可笑，他們卻十分認眞。李逢春這傢伙鬼得很，不知從哪裡弄來一冊武學祕笈，兩個小毛頭竟兀自練起神功來了。輕功的練法實在簡單，在腳上綁個沙袋就得了，如此怪模怪樣地走路上學，據說對跳躍能力還眞的是大有提升。他們堅信總有一天可以練成飛簷走壁的絕世輕功，不但上學方便又迅速，再配上鐵砂掌就是武俠小說中的大俠了。

阿生和李逢春都擁有一副行俠仗義的抱負，當大俠是正義與力量的延伸。

這兩個人生地不熟的野孩子找不到鐵砂，只好改用小石子來搓，然後再打沙包。每一掌都結結實實打在沙包上，掌聲加上發自喉嚨深處的吆喝，打起來還眞的是虎虎生風，每一掌皆可感覺到它的威力。最後找到一些鐵砂來鍛練「炒熱砂」，不但練到掌心筋骨強韌，還夾帶有一股鐵味，很有成就感。可是阿生又擔心把鐵砂掌練得太強，萬一將來結婚生子後，在擁抱妻兒時一個不小心把他們弄傷或掐壞，那就糟了，最後還是決定停止練下去。當時他們住在總部附近，打沙包的噪音吵到長官，差點被抓到，所以改練劍。沒有祕笈，更談不上章法，兩柄竹劍在現實與幻想的世界裡亂刺亂打，每天都上演華山論劍的情節。可惜他們練武之事沒有持之以恆，不然十餘年後楊進生成立的靈鷲山，便是國內唯一同時弘法兼習武的道場——眾多武僧把袈裟一展，像鷹一樣沒入山嵐之中，瞬間登上山頂的大殿階前，絕對是威武又迷人。

無師習武難不倒他們，野孩子原本就好動，但吃素可不是件容易的事。軍中本來就不可能提供素食，大夥兒也不看好阿生的毅力，不時會藉機考驗他，有時偷偷摻一些碎肉在青菜裡面捉弄他，結果阿生只吃香蕉、白豆腐和飯包，沒有被考倒。後來阿生每天三餐都只吃杯子大小的一碗飯，越吃越沒力氣，令長官十分頭疼。當兵的不好好吃肉吃飯，如何能夠應付各種軍事訓練？他們越是想動搖他，他反而越堅定，只吃肉邊菜，最後軍廚們只好燙一些空心菜加白豆腐給他修行。當時有一位四、五十歲的一貫道台灣老兵在一旁支持他鼓勵他，還說要帶他去求道，很不巧的他必須從新田換防到桃園去，所以這個道便沒求成。

一九六三年八月，隨著部隊換防到桃園縣九龍村中興營區，阿生便轉學到員樹林國小，因為年紀比較大，跳過五年級直接插班就讀六年級。班上共有五、六十人，幾經努力之下，阿生排名尚可中等，成績最好的是國文，如果不是數學程度差太多，成績一定更亮麗。讀書之餘他還得兼顧軍中的各種訓練活動，印象最深刻的是跳傘。跳傘這玩意兒除了膽量和技術之外，也要有足夠的體重，可是他個子瘦小體重太輕，只有區區四十三公斤，比標準的空降體格還少兩公斤，所以長官叫他綁上沙包來受訓。

本性善良又很機靈的楊進生在部隊中人緣極好，只要有人離開隊伍，便哭得好傷心。無論在軍中或學校，他都當過好人好事的代表，活潑開朗的個性很受同學的歡迎。從此他更專心吃素、打坐、學佛，而且開始理五分頭，過年就統統剃掉，表示一年的垃圾全扔掉了。「學佛、讀書、當兵」三位一體，楊進生有著跟其他十五歲少年截然不同的生命經歷。

乾媽謝鳳英，一貫道的點傳師

一九六四年八月，楊進生和幾位同僚一起考上龍潭農業職業學校，讀了一個學年，後來長官認為念農校沒出息，覺得他們讀普通高中較好，所以又轉學到關西初中，楊進生插班念初二。軍隊租下僑資公司廢棄的工廠作為宿舍，楊進生每天搭乘軍車上下學。

吃素的事情在學校裡漸漸傳開了，他因此獲得「齋公」之名，是所有緬甸學生當中名聲最亮的一位。吃素竟吃出他與乾媽的緣分，這是始料未及的。

在因緣的安排下，古道熱腸的一貫道謝鳳英女士，聽說學校裡來了一位吃素的緬甸少年，經常被同僚捉弄，只吃到白飯加鹽和肉邊菜，心裡十分不忍，也佩服阿生的毅力和道心，便準備一份素食便當，每天送到學校去轉交給阿生。但兩人一直沒有機會見面。謝女士以賣養樂多爲業，騎著腳踏車穿梭在關西小鎮的巷弄之間；靠那小小的一瓶養樂多，精明又能幹的她竟撐過生活的困頓，甚至憑著微薄的收入領養了三名孤兒。

後來楊進生總算見到了供給他素食便當的謝鳳英，兩人一見如故。舉目無親的他遂成了她家的常客，每天上下學都打從謝家門口經過，後來謝鳳英認養他爲乾兒子，從此不再孤苦伶仃。除了乾媽謝鳳英、乾姐陳貞妹，還有乾妹妹謝美玲和乾弟弟謝添財，彼此皆無血緣關係的一

古道熱腸的一貫道點傳師謝鳳英後來成爲阿生的乾媽。

家五口，讓他再度享受到家庭的溫暖。這是阿生在台灣唯一的家。即使後來他出家了，每年都會主動回來看看，時間不固定，一旦他想起這幾位親人，便回家。

阿生常在放假時跑到乾媽家的閣樓上打坐，有時在那裡埋頭讀武俠小說，或者跟乾媽談佛論道。這時他常起出家的念頭。每次回想起緬甸和尚們解脫自在的生活，便覺得軍旅的束縛太多，對一心求道的他產生許多的不便。阿生懇請遠光法師替他引見常覺法師，但法師認爲阿生因緣還未成熟，況且仍然從軍在學。不過兩人十分投緣，臨走之時，常覺法師送阿生一大箱自己栽種的花生。

謝鳳英是一貫道的點傳師，甚至想將當時遭禁的一貫道的道業傳給他，所以常常接引他到一貫道聽道講經，終而接受「點道」。跟眾多一貫道的道親一樣，謝鳳英是德行修養很好的人，重婦德，也重視孩子的人格養成和教育。阿生慢慢了解一貫道的道理和修行法門，其中有很多值得學習的智慧，但他想追求更能相應的佛法，遂離開了一貫道。傳道不成，絲毫無損阿生和乾媽的深厚情誼，她依舊像以前一樣支持他修道。他確實比較喜歡佛家和儒家的思想，除了佛經之外，他經常背誦《四書》和《古文觀止》等古文經典，思考其中爲人處事的道理。

梅花盟，返鄉治世的狂想

楊進生考上位於中壢市的龍崗第一士官學校的時候，是一九六六年夏天。轉眼間到台灣已經五年多了，看看十八歲的自己，再看看身邊的同僚，老覺得自己的命運像被人飼養的狗，不能作主，許多事情都依附著、隨順著因緣的推移，缺乏目標又沒有自主，或被外在環境困縛著。這些日子裡他常常獨自沉思，許多自身及外在的事物困擾著他。

這幾年在不斷轉學的情形下，阿生根本無法把基本的學科讀好，讀得有點支離，有點破碎。所幸教科書裡有限的知識，沒有形成學習認知上的障礙，也沒有限制他單純的好奇心與強烈的求知欲。他從不因爲自己的出生身世與學歷而自卑自棄，更無意追逐社會的名利與權勢。或許他的天性善根和成長環境，沒有讓這些複雜的世俗成見有機會滋長，反而在內心蓄積另一股能量，他一心一志只想要救人類救世界。日後，他爲靈鷲山提出許多世界性的重大規劃時，憑的正是從生活體驗與經典參悟而來的智慧，還有禪定多年的深觀力，其中包含來自生命徹底反省後所激發的動力，足以成就心中所有的志業。這一點，早在楊進生返鄉救國的行動中顯露出來。

十九歲那年，他和李逢春回想到他們在緬甸家鄉家破人亡、流離失所的慘況，於是發願拯救世人。務必先治國才能平天下，李逢春認爲必須由軍事和政治雙管齊下，才能獲得最大的治國成效。於是兩個不知天高地厚的傢伙竟然組織「梅盟黨」——以「梅花」爲堅忍的象徵，再以「盟」字遙契當年同盟會的革命精神。李逢春興致勃勃地草擬緬甸建國大綱，接著兩人盤算如何乘坐竹筏，由屏東出海，千里迢迢地划回緬甸，去落實先救國再治國救世的宏願。這個擁有數十位黨員的梅盟黨，由能言善道、較具群眾魅力的李逢春擔任政治領袖，楊進生負責宗教的部分，先以軍事手段結束緬甸數十年的內戰，撥亂反正，再實現政教合一的制度，建立一個太平盛世的緬甸。這是楊進生唯一一次想透過「以戰止戰」的方式，來達到最後的和平。

那些在水煙筒裡迷濛的眼神、貧瘠的茅屋、埋伏在綠葉背後的猛虎與山豬，還有在雨林中對峙的游擊隊、土匪和政府軍，故鄉久違的景象一一浮現於腦海，形成一股極其強大的呼喚力量，激起他倆滿腔的熱血，以及救國救民的民族意識。他們強烈感覺到自己在台灣無法對社會做出重大而實際的貢獻，眼前唯有返鄉救民於水火之中，才能發揮最大的力量。既然如此，還等什麼呢？他們立刻煞有介事地展開潛回緬甸的籌備工作。

楊進生向乾媽透露了這個大計，希望獲得她的支持，謝鳳英家境雖苦，卻很努力地設法籌借金子，還囑咐大女兒陳貞妹磨好一袋米麩，給阿生在路上當口糧。接下來的幾天，他們沒有去砍竹子，因爲同學董宗禮告訴他們說他家附近有「現成的」，所以他們便直接去偷別人沿海捕漁用的竹筏，然後選擇一個美好的日子在屏東出海。

可惜這趟眞實又夢幻的革命之旅，剛剛開始就結束了——結構脆弱的竹筏才出航即在近海翻覆！海浪的威力不是這幾個緬甸山地少年所能想像的，這種沿海捕魚的竹筏子

就讀第一士校期間的阿生（下排居中）。

在日常使用時，根本不需要面對大浪，所以在船體結構的設計較簡陋，跟一般出海拖網的漁船不同；幸好離岸不遠，這幾個準革命分子才有能耐游泳回來。往後，心道法師每次提起這段出師未捷的舊事，總堆起一臉靦腆的笑容，連他自己都覺得年少天真，卻又熱誠得非常不可思議。無論如何，這段看似可笑卻又可敬的少年往事，在心道法師如煙雲多變的生命際遇裡，留下極醒目的一筆。

求一個坐牢的罪名

偷來的竹筏翻覆後，大可一走了之，他們卻又直通通、傻乎乎跑到派出所自首。接受報案的警察根本不相信他們說的事，況且楊進生是請假逃跑，仍未逾假，回去繼續念士校就沒事了，軍中法官甚至明白告訴他：「回去好了，罪名不成立！」可是阿生實在不想再回到軍中過那種制式生活，一來他吃素修道，從軍十分不便；二來他已經無心於軍旅生活，打算重獲平民的自由身。軍中法官得知他的意向，告訴他唯有透過判刑才能免除軍籍，於是阿生苦苦懇求法官給他找一個罪名，並加重量刑。他無視於社會對坐牢的看法，他此刻要的是一個自由追求修道的身分。法官遂從偷竊和偷渡下手：偷人家竹筏判刑四個月，意圖逃亡另判四個月，加上第三個連阿生自己都忘記的罪名，一共十二個月，然後因爲自首的緣故，減刑四個月，就剩下八個月的牢獄之災。

這是楊進生第三次坐牢。

第一次在緬甸因好玩被長官關了一天一夜，關在一個木質的豬寮；第二次也在緬甸，關的是掘地而成的地牢，關了一個星期。不過那兩次都是年少時期的軍法牢，不算。在台灣這次才是眞正的坐牢，不像前兩次，這回得關上整整八個月。

前五個月關在中壢市龍崗看守所，這裡純粹關人，沒有勞作。至於李逢春，則被關到另一所監獄。後來三個月轉到嘉義，才見識到黑獄的可怕。這是一間有錢可使鬼推磨的黑獄，傳言只要有錢，打死人都沒關係，反正人命在這裡也只是一個號碼而已。沒錢的話，一出事就遭殃了。楊進生剛到東石的時候，被派去做海防工程。清晨四點囚犯們就得起床，到海防工地上幹活，晚上十一點才回到牢裡。那裡風沙很大，眼睛和耳朵幾乎被風沙掩掉，整張臉都是沙塵，還得搬石頭、搬泥土，手掌和手臂都磨破了皮。阿生每一項勞作都很賣力，一方面也偷懶不得，偷懶會被揍，如此一來他在許多項工作上都超前進度，甚至拿到第一名。那時候，他一天吃九個大饅頭，才幾天便開始吃不消了，心裡默默地祈求觀音菩薩，希望能速速脫離苦海。到了第八天，阿生如願被調去當守衛，白天看守半天，晚上兩小時。

獄中雖有許多幫派老大，但阿生坐牢時間相對較短，沒跟他們產生任何瓜葛。加上他人緣頗好，故沒有被欺負。這次坐牢讓他認識了黑獄生活，也悟出許多道理。阿生知道自己並非作奸犯科才入獄，在獄中吃苦算是修道的一種磨練，在這裡見識到社會另一個極端的角落，見識人性各種面向的軟弱和卑微，每一件事都是一次考驗，於是思想成熟得很快，一邊受苦一邊回想著參悟過的佛經道理，他要用每一份經驗來加深對佛法的了解。在緬甸時體驗的貧困、戰爭，以及親人的生離死別都是一種不堪，坐牢又是一種特殊的經歷，雖然出自自願，還是一種震撼教育，人間諸苦的親身體驗超越了經卷文字的表象描述，產生了非常深刻、直接的焠煉，對他修道的決心有莫大的幫助。

這讓人不禁想起那句「天將降大任於斯人」的老話，由將來的心道法師破釜沉舟式的修道事蹟去驗證，果眞就是那麼一回事。

逆境中的貴人

熬完八個月，乾爸爸楊世春上尉去擔保並接他出來。出獄之後，二十歲的楊進生拿到停役令，心滿意足不必再從軍，生命彷彿蓄勢待發，接著他去投靠賣養樂多的乾媽謝鳳英，她是他最體貼、最實質的靠山。由於他自十三歲開始在台灣正式服役，到退伍的時候有好幾年的年資，領到好些錢。他一向很會賺錢也很會存錢，自己不會花錢，倒是從不吝嗇，結果被朋友們東借西借，統統借光了，他也不討回，任它去，好像好友用他的錢是天生理所當然似的。剛開始，他的日子就這麼無牽無掛、沒煩沒惱地過下去，反倒是謝鳳英很關心阿生的終身大事，處處替他著想。阿生本來是替乾媽賣檳榔和送養樂多，有時還拿一把長柄的鐮刀和梯子，爬到樹上去採檳榔，弄好之後再拿到酒家和茶室去賣。不過依附著乾媽討生活，在經濟上永遠無法自立，所以乾媽替他找到一間罐頭工廠的工作，叫他好好存一點錢，以後用來討個老婆。

那是一間生產蘆筍罐頭的小工廠，薪資低得很，成天關在工廠裡，面對整個沒有變化可言的機械化生產流程，一向喜歡學習新鮮事物的楊進生實在待不下去，才做了兩個月便辭職不幹。他想出去到處看看外面的世界，或者更明確的說法是，阿生潛意識強烈地想探究這個未知世界。

好像每次遇到跟海有關的事，他都免不了激動起來。

海的想像太大了，原先以爲只要有舟就可橫渡，有風就可啓航，但這次不是以竹筏想回祖國揭竿起義，而是一心一意地想找一艘漂洋過海的大船出國去！即使現實條件再惡劣，也擋不住他想嘗試的願力。楊進生選擇當個船員，即使漁船也好，只要能出海就有機會。他還約了死黨李逢春一塊到高雄港去做這個春秋大夢。口袋裡沒幾個錢的兩個小伙子到了人生地不熟的高雄港，只好找上一家職業介紹所，沒想到那是一家吃錢的黑店，把他倆身上的錢差不多快騙光了！他們在碼頭等船，等一艘可能根本不存在的船，一天只敢吃一碗麵，終究把剩餘的零錢用盡。

後來職業介紹所告訴他們沒有船工可當，先到台南去做捆工好了。餓著肚子搬了一天的貨，結果老闆卻跑掉了，連一毛錢也沒賺到，而且餓得全身虛脫。在非常不得已的情形下，他們居然想到去派出所求救，說明當天不幸的遭遇，希望能在那裡住一宿。警察一看阿生兩臂的刺青，以爲是不良分子，他連忙解釋，所幸有一個很醒目的「卍」字爲證。其中有一位警察表示自己也是學佛的，不過爲了安全起見，他要求阿生把《心經》背出來聽聽。後來幾位警察湊了數十塊錢給他們回高雄。

楊進生和李逢春很高興地買了一長條的麵包，邊走邊啃，走在台南深夜的街頭，任那寒風吹襲，滿街廢紙在風裡翻飛。這小小的生活困境，對經歷過極度貧瘠和烽火連天的他們來說，根本不算什麼。緬甸的經驗常常在潛意識裡轉換成一股支撐的力量，使他們輕易克服眼前的難關。

回到高雄還是沒有船，兩個不死心的傢伙成天在高雄港附近的壽山公園裡痴痴地等。附近有一群信仰佛教的老太太，聽說有兩個吃素的小伙子被黑店坑了，身無分文又飢寒交迫，十分同情他們的遭遇，便湊了好幾百塊給他們當生活費。兩人謝過了那幾位老太太，立即花十五塊錢去住旅店，好好洗個澡，然後就回台北去了。這些日子，他們

一七〇年代的高雄港。

跟流浪漢實在沒有太大的差別。

每每在窮途末路的時候，總有一些信奉佛教的貴人向阿生伸出援手。回到台北不久，介紹所即通知他們有船了，可是到了高雄又說沒有。結果他們自己去找，一下就找到一艘排水量只有十五噸的近海漁船，到最後只有阿生一人上了船。白天他在船上當廚師，晚上則幫忙拉魚網，風大浪大的夜晚在甲板上拉魚網是件危險的事，每一個動作都要小心，腳一滑就完了。不過更要小心的是海巡署的登船檢查，因爲阿生沒有身分證，沒有辦法申請船員證，所以每次巡查都躲到冰庫裡去。

對長年生活在陸上的楊進生而言，台灣近海的風浪實在太大了些，幾次出海都嚴重暈船，連膽汁都吐了出來，內心默念觀世音菩薩的聖號，念到入睡爲止。吃飽就吐，吐完再吃，原本瘦弱的阿生根本來不及吸收營養與熱量。他跟這艘船在澎湖海域捕了六個月的魚，接著又回到台北的一個工地做監工，還兼顧混凝土的工作，月薪一千五百。可是沒多久他又改行，去桃園做製茶工人，每天做十八小時，月薪一千八百，在當時算是高薪的。因爲整天工作而沒有什麼娛樂，所以工資全都存了下來，每次李逢春來找他，就給他拿去花光。從緬甸到台灣，相識多年的李逢春在楊進生的心中是同甘共苦、相依爲命的「至親」，這份情誼裡，有他們共同的理想，也有更多的心靈分享。對阿生來說，這是一份無可比擬的友誼。李逢春是個人才，長得好，又聰明。阿生很多事情都以他馬首是瞻，所以阿生從不過問爲何錢花得這麼凶，只是隱隱約約知道他在還債，但不是賭債，反正他要，就全都給他。這一年楊進生已經二十一歲，對生活還是沒有任何方向和規劃，只是盼望著修行，日子還是照過。

緬甸經驗，再加上坦然隨緣的個性，讓楊進生能夠安然度過種種逆境，不管多麼凶險、多麼貧困，他都挨得過去，也從不追求物質上的享受。他追求精神生活，又必須賺錢維生，所以任何工作對他來說都沒太大的差別，但是世態人情的應對，卻讓修道的生活理想漸行漸遠，直到模糊起來。除了前述幾種職業，他還做過廁所清潔工、冰塊送貨員、電影臨時演員、米店員工。那時國語片正在抬頭，台語片市場急速萎縮，楊進生只當了《白牡丹》、《一箭穿心》等三部台語片的臨時演員。美其名爲演員，其實待遇奇差無比，有演出就有飯吃，不然只能在戲棚外餓肚子。這段當臨時演員的日子雖短，也有樂趣，但只要一有機會他還是會打坐誦經來支持修道的信心。

接著楊進生和一個獄中結識的士校同學合伙，在台北市東興街開一家唱片行，他出資一萬，交給對方管理。可是這家店根本賺不到錢，合伙人竟然把整間店的貨物全部轉手給別人，拿了錢馬上逃得無影無蹤。阿生並沒有怨他，因爲那個朋友在獄中十分照顧他，對他有恩，所以就算了。或許命中註定楊進生不是經商的料，還是老老實實打工，也許還能多留點時間用功辦道。

被時間揉成小小一團的情書

後來經由介紹所得知，離東興街不遠的饒河街有一家米店要請人，阿生就去了。沒想到在這裡一做就是三年，從一九六九到一九七二年，那是他最長的一份世俗工作。老闆李金交和老闆娘阿梅姑都是大好人。老闆娘照顧員工的態度好比照顧老闆一樣，每一餐都讓員工先吃，他倆最後才吃，員工永遠擺在第一位。無論資深資淺的員工，只要過年過節都可以領到好多禮品。和藹可親又慷慨大方的老闆娘，眞像熨斗，把每個員工都熨得服服貼貼。阿生在這裡做得十分安心，老闆非常信任他，常常把店交給他管，如同米店的總經理一般。即使阿生出家後再回來探望他們，老闆夫婦那份熱誠依然絲毫不變。他萬萬沒想到這三年間，因顧店、送米而認識許多街坊鄰居，後來全成了他的信徒，還成立了靈鷲山水湖分會。

米店的工作愈來愈吃重，阿生常常卯起勁來，一天內就足足送上七千斤白米，來來回回、一趟又一趟的腳踏車，飛奔在台北的街頭巷尾。老闆對他親切又照顧，由於工作努力，錢賺得多，生活安定了下來，人生似乎愈來愈定型，最後還險些蕩漾出情感的波動。

吸引他的當然不是那一大麻袋沒有表情的米，而是老闆的大女兒。老闆有三個女兒，大女兒較沉著、穩重，看起來很有革命能力，跟她在一起可以做大事的樣子。當時楊進生居然想從這個角度來「擇偶」，雖有些可笑，卻頗有國父革命精神的氣魄。對感情一無所知的阿生曾寫了一封情書給她，帶著好玩的心理，委託一位歐巴桑傳遞這封信，卻遲遲沒有回音。楊進生不知道究竟，又不便探問，便當作沒發生過一樣，大家還是好主僱、好朋友，生活一樣過。久久以後才曉得，也許詞不達意，加上錯字，老闆一家人打從心裡就不相信他寫的是情書，是認眞的，只當趣事看待。老闆的大女兒還把全部錯字批改了一遍，然後就擱置下來，沒當回事。後來她嫁給一位日本人，至於當年那封情書，被時間揉成小小一團，成了無人知曉的謎團。

顧店送米之餘，阿生常常在黃昏時到基隆河畔散步，想到自出獄以來的修道憧憬與現在的生活對照，日子愈顯得乏味與重複。兩臂和身上的刺青，不斷地提醒他——當年立誓修道的決心不能在此覆亡。這段時間，他先後接觸過道教和基督宗教，希望能找到人生問題的解答，以及人類和平的要訣，佛教的因緣像黑洞一樣把他吸了過去。不過這幾年，工作占去了大部分的精力和時間，眞正可以安靜下來讀經、修道的時間不多。現實生活的壓力不斷膨脹，產生一種逼迫力和危機感，阿生意識到求道的環境正逐步地萎縮。

摯友李逢春的身故

一九七二年對阿生來說，是人生抉擇的重大關鍵。這一年李逢春不幸罹患尿毒症，腎臟必須開刀，住進榮總之後，由阿生全程照顧他。才沒幾個月，李逢春就不治身故。這個跟他一起奮鬥多年、榮辱與共的好友，在阿生心目中有著不可取代的地位，雖無血緣關係，但彼此情同手足。年輕力壯的李逢春驟然病逝，使得因工作過勞而身患肝病的楊進生再次體悟到生命的無常和苦。十一年來的生活經歷像洶湧的黑潮，將阿生孤立在一座極小極小的岩礁上，不斷沖蝕他的心志。

從父親、母親、姑母、姑父、在緬甸陣亡的同僚，到情誼最深最久的李逢春，一一如煙消逝，親友是如此，時間也是如此。從軍人、賣養樂多、罐頭工人、漁船廚子、工地監工、茶葉工、廁所清潔工、冰塊送貨員、臨時演員、米店伙計，到唱片行老闆，跨越十一個行業的豐富生活閱歷，讓他充分體驗到中下階層的生活實況，所以當他出家之後會特別聆聽這些來自社會不同角落的聲音。

之前他先後接觸了佛教、道教、儒家思想和台灣的民間信仰，不斷促使他去思考人生大道的問題，可是他越想越找不到正確的方向，直到他被生活錘鍊夠了，慢慢從中發現修道的方向和意義，才更加了解生命本是一種歷練，每一份工作都是一次對人生的觀察，一種處世的智慧在時空裡慢慢累積，慢慢累積成一齣很好的劇本。演過各種角色，也被各種角色演過，這樣的人生會很豐富，因爲生命裡儲存了無限的智慧。其次，他也發現世間一切事物都是在起伏與流動，他的心開始漠視這些變動的事物，不去依靠它，不去追求它，慢慢安住在心的本來，在整個世界的變幻中，去參悟佛所講的「苦、空、無常、無我」的道理。

李逢春的身故，絕對是一個極爲重要的轉捩點，再次讓楊進生體會到生命的脆弱和不可靠，逼使他對未來的生命做出抉擇，否則下個十一年很快又將如煙消逝。最後，他選擇了出家、修道、弘法的終生志業。

站在高宗壽和黃龍之間的便是李逢春。

3

出家後的苦修

1973~1982

在佛光山剃度出家

從楊進生到心道法師的內外因緣眾多，十五歲那年在潮音寺認識的遠光法師是最重要的善緣。

遠光法師較楊進生年長八歲，十九歲便出家，他在家排行老四，外雙溪的家裡種蘭花。黃家排行老二的黃榮光潛心研究蘭花頗有成就，阿生的修行之路深得黃家在經濟上的挹注，後來蘭花房還出借成爲阿生出家後的第一個禪修之地。飽熟經藏又老實修行的遠光法師和黃家視阿生爲親人，遠光法師讓他得到修道上的指引與護持。雖然從小備嘗國家動亂、失親流離之苦，來到台灣又經過種種社會百態的洗禮，然而阿生的成長之路總有因緣隱隱扶持他的覺醒，先是謝鳳英女士一家，後來則是遠光法師及其家人，年紀尚輕的阿生逐漸有了篤定的方向。

二十五歲剃度出家時的法相。

離開軍隊之後，阿生透過常緣法師再度跟遠光法師取得聯繫，得以重逢，兩人遂結伴參訪台灣大小寺院，阿生想尋找適合的出家之處，緬甸羅漢的紅色身影召喚著他，他想要找一個心中的羅漢師父來學道。

遠光法師（左）讓剛出家的心道法師（右）在修道上獲得指引與護持。

這一趟「出家尋師之旅」十分波折，走過近二十處寺院，竟沒有一處能契合他內心的感召。當年幼小的他親眼目睹阿羅漢飛掠水潭的那一幕，仍然深深盤踞著內心。其次，他最欽佩觀世音菩薩聞聲救苦救難的精神，心裡有種呼之欲出的對出家的理想，這份少年情懷已經醞釀成一種人生目標。後來提到幾經波折的出家之旅，心道法師仍自嘲是自己「太挑剔」。本來他想在續祥法師的吉祥護國寺出家，可是學禪的續祥法師規約嚴明，要求沙彌住寺一定要滿三年，才能受比丘具足戒。楊進生皈依了久仰的續祥法師，也得到出家基本的訓練教導，可是，三年實在太長，求道心切的阿生不願再拖延，於是便在常緣法師的介紹與帶領之下，到了佛光山。

童年和青少年的楊進生是一則傳奇，充滿戲劇性的轉折，就連出家，也可以搬演成一齣出人意表的戲碼。原是踏破鐵鞋無覓處的出家之旅，最後竟在常緣法師一句「反正你就是要出家，不要多問」之下，替他決定了剃度之地。單純的楊進生從未聽過佛光山，當然也不認識誰是星雲法師。可是他想，反正要出家，何況在長期顛沛流離的生活之下，一直沒有好好地讀書，也很想過一段潛心讀書的日子，佛光山的叢林大學正好可以提供這些條件。

佛光山傳承太虛大師的寺產，以及合歸十方、八宗平齊的理念。開寺的星雲法師，曾就讀於太虛大師所設立的福建閩南佛學院半年，秉持太虛大師建立現代化中國佛教的理念，特重弘法事業，所開辦的叢林大學，爲的是培養現代僧伽。

佛光山，於是成了楊進生正式出家求道的起點。

在佛光山學道要先進佛學院，第一次因緣未備，不得其門而入。第二次付了佛學院報名費，也通過考試，卻沒有生活費，有人建議出家就可以免費，楊進生覺得這個時機正好——既解決了生活費的問題，也圓了出家的心願。當時初次進入大叢林生活的楊進生並不認識星雲大師，整整三個月，他把大弟子心平法師誤認爲星雲大師，總是遠遠看到他就拜，恭恭敬敬、老老實實地鬧了一個大趣聞。就有那麼一天，心平法師對他說：「我帶你去見師父。」不明就裡的心道法師心裡還納悶「怎麼還有一個師父？」等弄清楚了，才爲自己的懵懂感到好笑。

一九七三年農曆九月十九日，觀音菩薩的出家紀念日，楊進生在星雲大師座下剃度出家，並授予法號，字號慧中，名爲心道。

心道法師（下排右三）和星雲大師（上排居中）及佛光山師兄弟的合照。

只要打坐就勇猛精進的漢子

佛光山的日子很單純，讀書和上課之外，就是自修禪坐。心道法師一直習慣打坐，常常一坐就是整晚功夫，課程作息逐漸與大眾脫節。大師知道後也不責怪，就派他到鍋爐間去做看顧伙夫，可免去一些隨眾的時間。他得負責蹲在火窟前起火，起火時，大鍋爐發出碰碰碰巨大的聲響，一頓下來簡直是超級大勞作。肝病舊疾癒後的心道法師，其實也不太勝任這個差事，或許是疲累加上肝火，擔任伙夫才三個多月，肝病便又復發，只好停下來治病。肝病得每天打點滴，一個貧窮的出家人根本沒錢治病，幾個月的醫療費用，只好全由星雲大師支付。

佛光山的早操。

星雲大師對他很照顧，允許他遊走在團體生活邊緣，不必上早晚課。回顧在佛光山不到一年的學道時間，心道法師認爲最大的幫助是在出家人格的養成。至於上課的內容，他對唯識特別有興趣，一直沒機會深入研究，但因緣似乎又急急地將他推進到另一個「山窮水盡疑無路」的地步。儘管星雲大師對他算是寬容了，可是團體生活仍感侷促，與修行內在節奏感有異，自己感覺當時禪修到氣機發動，已到非長坐不可的境地，精進打坐的心道法師漸漸覺得這樣的生活並不符合他的修行理想。

遠光法師曾描述心道法師打從少年起，就是一個「只要打坐就勇猛精進的漢子」。他需要更長時間去貫徹禪坐法門的體驗。「人生佛教」的創始者太虛大師，也經過兩次閉關入定的體驗，才使他佛教救世的宏願得到內在力量的支持。特別是第二次閉關的經驗，使他深契如來藏與法相因果之實，乃開展出「人生佛教」的體系，進而推動「世界佛教」的工作。

叢林大學名師濟濟，固然在思想和智慧上對好學的心道法師有所啓發，可是他不願停留在書本的表面去探求義理，而是希望透過打坐，觀照自身，從內證下功夫。

出家前的打坐是一種習慣和興趣，眞正深入法門是出家後同一年在苗栗法雲寺戒壇受三壇大戒時，戒兄仁海法師傳他「默照禪」法門。仁海法師是香港人，主修密亦學禪，他從道源長老處學得此法。心道法師求得此法門之後，一直精進不已，修到得力處，便渾身是電，如同接通氣關。氣關發動時，全身氣脈通暢，宛如開了活竅，思路靈通，悟力高強。可是佛光山的課業和打坐起衝突，他雖矛盾，卻也清楚了解惠能禪師的「定慧不二」才是他要走的路。心道形容自己當時的情況已經到了那種「不想打坐都不行，停不下來」的地步。學佛不一定要苦修，但他嚮往徹底實行頭陀行。佛陀在未成道之前，也曾經度過六年的苦行生活。苦行不能使世尊悟得無上眞理，但是對身心的冶練，以及日後菩提樹下降魔、成正覺等，卻很有助益。世尊因爲深得其中三昧，常讚嘆修持頭陀行的大迦葉尊者。心道法師修行的路以世尊爲榜樣，打坐、墓中苦修，都是成就正覺之過程。

打坐是一種修行方法，這句話對一般人而言，或許只是簡單不過的道理，但之於心道法師，卻是甚深實際的體悟。打坐首要條件是克服不聽話的身心。早在出家之前，心道法師就勤於打坐，雙腿由於結跏趺坐，氣脈不順，坐不了多久就痠麻難耐，彷佛有針刺扎，又如火燒，痠癢、脹痛、刺麻的感受眞可謂集人生百味。這種熬腿功是必定要經歷的，身體務必降伏各種反應，慢慢放下念頭，鬆開痛苦，才能達到調柔安住，集中專注力。這時即使用手捏抓，亦茫然無感覺，踩在地上時，絲毫不著力，兩腿好像早已不屬於自己。只要想到佛陀在金剛座上，行甚深禪定而證悟宇宙道理人生實相時，心道法師就堅定自己的信心，絕不輕言放棄，無論是躺坐、歪坐、斜坐，或伸伸腰、動動上身、抓抓物，雙腿仍保持盤結不放。如此反覆訓練之後，打坐不再是痛苦的事，而是無比的禪悅。

畢竟知易行難，以文字敘說打坐的箇中滋味多麼簡單容易，眞正實踐，才知道我們的身體是多麼容易安於逸樂，耽於慣習。何況打坐不是一小時兩小時，也非一朝一夕之舉，而是長期的修爲，除非有大耐力，且向佛之心無比堅定不移。決心想以此一門深入、直探究竟本源的心道法師，一天至少需要打坐十多個小時，嘗試以頭陀行作爲一日的功課。調身已是不易，調心卻遠比調身難，因爲身體的不適，只要經過一段時間反覆練習就可以調整，心呢？一旦散亂，就如野馬，易放難收，遑論駕馭。當然生理也會影響心理，因身體不適，也會久坐不耐或昏睡。這些都是修行的過程中必然

心道法師常常一坐就是整晚功夫，課程作息逐漸與大衆脫節。

產生的現象，正好觀照自身的種種習性、降伏習氣。可是這種向內求的修行方式，無法在佛光山確切地實行，既然如此，便選擇了告假離開。

當時剛好亦師亦友的遠光法師胃出血住院，心道法師於是向大師告假，一方面就近探訪照顧病中的好友，一方面也爲未來的修行獨居打算。遠光法師回憶那段重病住院的日子，他特別記得心道法師對他的照料：「每在我病倒床上的時候，他不分晝夜地在我床邊打坐、念佛。在我住院病重的時候，在幾十天的日夜裡，不離我的左右，聽我的使喚。他在我的床邊日以繼夜地坐著，照顧我，這是多麼難得的難友、好友。古道柔腸、心慈慕道，這是多麼難在年輕的現代人身上找到呢！」後來遠光法師把外雙溪住處閒置的蘭花房，交給心道法師當做禪修之地。地方有了，可是，道糧呢？遠光法師慷慨允諾護持每月五百元，外緣俱足，心道法師於是開始了孤獨的修行生涯。

時值一九七四年，炎熱的八月中旬。

蘭花房，參透孤獨

眞是一個安靜的地方，這蘭花房。不，簡直是太安靜了，無人無聲的夜，巨大的靜謐逼人心生恐懼。

第一次離群索居，心道法師還不習慣這種絕對的安靜。自從八月十六日住進蘭花房後，幾天下來，不聞人聲，不見人影，只能與自己的影子為伴。那種不安的死寂，挑起人內心深處合群的渴望，因此，剛開始心道法師總是不自覺地渴望看到人煙。可是實在太荒涼了，沒有了人的互動，彌天蓋地的混沌寂靜襲人心魄，所有的意念不斷發射又反彈回來，無始以來的無明習氣張牙舞爪，翻攪糾纏著，找不到源頭與理由。這地方常常一兩個星期看不到人，白天還好，一到夜晚，孤寂彷彿會伴隨著夜色降臨而變濃，變得無法忍受，漸漸成利刃割心。

九月一日是中元普度，心道法師不禁想起失散多年的母親。

他還記得小時候過中元節，媽媽拿半熟的玉蜀黍來祭拜祖先，那時稻田裡的小黃瓜正是清甜可口的時候。離散或身故的親人，以及緬甸的童年舊事，眞的離他很遠很遠。他拿了一些水果來遙祭父親、姑母、姑父，還有陣亡的孤軍伙伴。然而孤獨還是蠶蝕著他。

切斷了與外在世界的聯繫，變成無依無靠的單獨個體，原來如此令人難耐。心道法師形容那時的感覺是「一想到孤獨就心酸」。他在十月十五日的日記裡寫了一首題為〈獨僧〉的詩：「冷冷清清一茅房，孤孤獨獨一個僧；悄悄忘盡苦悲愁，樂在無聲寂靜中」。他清楚意識到：修行的第一件事，便是先要參透孤獨，學習獨處。他反反覆覆地問：究竟，孤獨為什麼令人害怕？克服孤獨，成了蘭花房修行階段最重要的事。

靈修之旅從此展開一波又一波的歷險，回饋的是一次又一次的覺醒，直到虛空粉碎、大地平沉，明明朗朗又一番三千大千世界為止。

有一晚，禪坐完畢，心道法師躺在地上，月亮澄明如水，萬籟寂靜，蟲聲不絕。一起望月的，依然是那棵小小的日本雪松。突然間，一種從未有的空靈和明靜，如潮水般湧來，無人的恐懼、刀割的痛苦，竟在那一刻消失無蹤。他就這樣與月對望，松樹默然不語，體會到「心無所住」的自在和無礙，有感而得一偈：

「月兒寂寂雲默默，悄悄聞得未生香」。

心道法師遂永遠記得那晚的月色，那棵默默陪伴他的雪松。至於那「未生香」，是境界的反射，明了本來就存在於內心的安靜，和宇宙本來如此的寂靜生動，孤獨再也不是令人害怕的處境。因為人類始終是一個共同體，沒有誰離開誰的問題，如此，自然也不會生出孤獨的恐懼。這時的了悟，離閉關也已經快兩個月了。

恐懼和打坐之苦都克服了，可是竟又產生新的問題。那就是有時會生出意識的幻妄，魔境出現時周身渙散，就像吃錯藥，連腳也不聽使喚，很容易神經失常，甚至喪命。心道法師因此警惕自己：修行如入戰場，絲毫懈怠不得。

在孤獨中，無始以來的貪愛也會浮上心頭。這時他以無常觀來對治，一想到世間無

在蘭花房外的禪修，參透孤獨。

常最苦，既無永恆美麗不滅之事物，亦無恆久不變的感情，世間種種如水流逝，國家如此，親友如此，生活如此，連當下想法也是如此，刹那刹那、了無痕跡。在這時候，只要提起正念「我何人也，豈可與彼同？」，世間貪妄隨即打破。雖然獨自修行以來的日子並非順行無波，也會道心不堅，可是經過平心靜氣地思考和尋找，依法修行，起正念，善調心，則這樣的稀有樂境，實非世間的快樂所可比擬，便更加精進修行。

頭陀行，以摩訶迦葉、密勒日巴為師

這段蘭花房日子，心道法師除了參孤獨的意義，依然以「十二頭陀行」為一日的功課。當年佛陀座下的眾弟子之中，頭陀第一的摩訶迦葉，出家後便修習「頭陀苦行」，他堅決不參與竹林或祇園精舍的僧團生活，常常露天靜坐，塚間觀屍，他認為屍臭和白骨，有助於修無常、苦、空、無我、不淨觀等。長年累月在塚間修行的摩訶迦葉，或行乞化食，或以野果草根充飢，總之不為衣愁，不為食憂，沒有人間的得失，只感到清靜、解脫和自由。雖然佛陀時代很多弟子都不贊同頭陀行的極端方式，認為無益於世，也常常勸摩訶迦葉放棄頭陀行，但是《增一阿含經》中明確記載佛陀對頭陀行的肯定：「此頭陀行在世者，我法亦當久在於世」，「其有嘆譽阿蘭若者，則為嘆譽我已；其有毀謗阿蘭若者，則爲毀謗我已」。

有一次大梵天王到靈鷲山上請佛陀爲眾生說法，獻上一朵金色的波羅花。佛陀拈花不語，唯有迦葉破顏微笑，於是佛陀當眾宣布：「我有正法眼藏，涅槃妙心，實相無相，微妙法門，咐囑摩訶迦葉」，並將金鏤袈裟和缽盂傳授給迦葉，《大梵天王問佛決疑經》中如此記載了摩訶迦葉成爲西天第一代禪宗祖師的緣起。頭陀第一的摩訶迦葉，以及同樣透過異常刻苦的修行來即身證道的密勒日巴尊者（公元 1052~1135），是心道法師最心儀、嚮往的兩大修行者。當他聽到尊者的名字以及苦行的事蹟，內心就感受到一份清涼與安定，覺得道心勇猛。雖然修道的方法有很多，但每個人的稟賦和宿慧不同，心道法師只是順其自然地走上這條苦行之路。

頭陀行就是修習苦行的意思，要捨棄對住處、

右：初祖摩訶迦葉尊者。
左：密勒日巴大師。

飲食、衣服的貪著，所以要在塚間、樹下、露地而居；每日只食一餐，過午不食，著糞掃衣，但具三衣。並且爲了培養威儀，捨安臥而行禪坐。每天至少打坐十八小時以上：上午由前夜打坐至九點，然後盥洗，喝開水，再打坐。十點半左右，自炊午餐，食畢再打坐。下午四點沐浴洗衣再打坐。晚間十一點下座，持咒、誦經、經行，再打坐。

如此規律的修行生活，在常人看來，委實太刻苦，可是心道法師卻覺得身心清淨舒服，有助於深入觀察心的變化面貌。他的食物也很單純，偶爾吃些地瓜葉，嚴守過午不食的規律。所有的心思和時間都用在修行，如不打坐，則看經，或者持咒。這一切修行的過程，小雪松就是最好的見證。它風雨不改地站在那裡，不管日升月落，或有鳥雀在它身上棲息嬉戲，總是一副沉靜閒適的模樣兒，看來它也在禪定和修行呢。

心道法師在蘭花房住了幾個月，印象最深刻的是那裡的蜈蚣，每一隻都特別漂亮。他在室外的圍牆下打坐，蜈蚣就在牆角出沒。以萬物皆有情的角度來看，蘭花房其實很熱鬧。除了小雪松這老朋友之外，就是那些人不犯牠、牠也不犯人的漂亮蜈蚣，好奇地看著這位年輕師父入定的模樣。牠們大概無法理解何謂禪定，卻可以當個盡責的觀眾，做一隻本分的蜈蚣，同時，也充當心道法師禪修日子中固定的訪客，解解無人聲影的寂寥。

圓明寺的魑魅魍魎

在蘭花房修行期間，佛光山曾要心道法師回去，可是他內心十分明白，團體生活已經不適合現在的身心狀況。星雲大師認爲他既要修行，便叫他到位於宜蘭市區的雷音寺閉關。心道法師於是離開了蘭花房，到雷音寺去。雷音寺是道光年間的建築，有一百多年的歷史，保存得相當好，可是寺院後面有個鐵工廠，心道法師打坐的時候，經常被敲打的聲響干擾，有礙修行，從一九七五年二月二十七日到三月二十三日，只住了二十五天，便決定離開。雷音寺雖然只是修行過程中的小小驛站，但它在心道法師的修行紀年上，卻是一個非常精確的刻度。

離開台北外雙溪的修行之後，心道法師主要的修行階段就在宜蘭成熟的。蘭陽平原地處台灣中央山脈的東北端，背倚雪山山脈及太平山脈，面臨世界最廣袤的太平洋，山明水秀，很適合修行。

雷音寺既非修行之地，星雲大師指示心道法師到礁溪鄉二結村刺仔崙山上的圓明寺。圓明寺興建於一九一七年，是宜蘭縣第二古老的寺廟，又稱刺仔崙佛祖廟，慈航法師和星雲大師都在這裡行腳住過。雖然它曾有過風光的歲月，卻因爲座落在山上又緊鄰亂葬崗，整體維護並不理想，經過一甲子的時間考驗，終於落得荒蕪頹敗，委實是諸行無常最好的註腳。這座不算寬敞的古寺，外觀破舊、潮濕而且陰森。廟門朝東，北面是墓地，四周是森林，由於荒廢既久，顯得很荒涼。一陣風吹來，樹影搖動，殘破的木門發出「咿呀」的響聲，益顯寂寥。寺廟太舊，彷彿隨時會頹倒。

心道法師倒是跟這古寺有緣，一看便決定住下。

這座小小的古寺螞蟻很多，而且到處都是螞蟻窩，牠們什麼都啃蝕，連床都蛀得千瘡百孔，還好找到一張舊床，勉強支持心道法師瘦弱的身體。在這間破落的古寺安定下來之後，他再度開始每天十八小時的修禪生活。

有了外雙溪蘭花房的修行經驗，這段時間心道法師更能進入充滿寂靜的法樂之境，孤獨不是阻擾，反而是助力。然而修行之路充滿挑戰，宇宙的大空間裡本來就存在「六道輪迴」的眾生世界，只因善惡業力而呈現不同的生態與磁場，這回心道法師卻是受到魑魅魍魎的干擾。

心道法師很隨意地挑一個靠近門的地方打坐，日夜禪修。某天深夜，他在精進用功時，忽然傳來一聲聲「篤篤篤」的敲門，持續了很久。在此人煙絕跡的古寺夜半，不尋常的敲門聲，令心道法師害怕起來，不停地誦觀世音菩薩的法號。聲音依然不斷，顯然法號不管用，他覺得自己牙齒微微顫抖，心跳加速。後來，兩扇木門咿呀一聲被推開，心道法師立時兩眼微閉，卻清楚地感覺到有「人」飄了進來。雖害怕，卻努力穩住不搭理，繼續打坐，觀世音法號不斷。這樣直到破曉，才聽到有人開門出去的聲音，如此每天夜裡來來往往，進進出出。心道法師曾下座查看究竟，很失望的是只能聽到聲音，不見任何影像，只能確認不是人爲的，又非幻覺，久而久之就習以爲常了。

這些幽冥眾生因此非常得意，每天來玩。有時提早光臨，太陽甫下山他們即來造訪，好像趕赴一場盛會似的。有時淘氣起來，甚至將木門敲得嘎嘎響，心道法師不堪其

上：心道法師倒是跟圓明寺這古寺有緣，一看便決定住下。
下：興建於一九一七年的圓明寺，又稱刺仔崙佛祖廟。

擾，也委實懊惱他們如此頑皮，便打開大門去追趕，但聞一串「蹬蹬」的奔跑聲，一溜煙不見蹤影。後來大白天他們也如常出入，心道法師原本靠近門打坐，這下被他們捉弄得實在無計可施，遂移到離門很遠的床上打坐。如此才有效減少他們的干擾，卻不巧坐在蛇穴附近，心道法師打坐時總是有蛇成群出沒，或盤纏在柱梁上，張口吐舌；或遊行於座前，悠然自得，視眼前的法師如無物。換個說法，牠們對慈悲的法師全無敵意。這實在是一幅魔幻寫實的畫面。法師爲了避蛇，便把自己罩在蚊帳內，蚊帳被一群自由遊走的蛇包圍著，大家各做各的事，兩邊相安無礙。蛇群活動久了，也疲憊了，就在床腳旁安然入睡。

夏天，牠們就在此蛻皮，屋頂、床鋪、地板、牆縫間，處處都是。有時牠們的蛇皮垂在柱梁間，東一張，西一張，顏色斑爛，爲破敗的小廟增添不少趣味性掛飾，冷清的廟也因此熱鬧起來。對一般人來說，蛇和蛇皮都十分可怕，非得除之而後快。有人建議把蛇穴堵死，蛇出不來，就不會到處遊走。可是心道法師視牠們爲朋友，他認爲蛇蠍雖是瞋恨心最強的眾生，卻適足以修持平常心和慈悲心，只要不傷害牠們，相信牠們也不會干擾一位出家人，事實證明確是如此。

佛經中記載佛陀和弟子四處行走化緣時，有一天走到一片森林，突然看到一隻被鷹隼追逐的驚慌小鳥，弟子見狀，便用衣物把小鳥掩護起來，可是死裡逃生的小鳥依然在顫抖不已。佛陀於是把小鳥接過輕輕放在自己的懷裡，小鳥因此平靜安穩地不再害怕。原來弟子們雖已是斷了煩惱的阿羅漢，但是細微的瞋恚習氣還在，而佛陀是諸漏盡淨，究竟圓滿的覺者，是一切眾生的依怙，所以眾生對佛陀只有安全感，而沒有懼怕。這些蛇在心道法師周遭自由行走，或許也是感受到這位出家人的慈悲，因此對他沒有防範之心。

除了門戶自動開闔，蛇群自由爬行之外，圓明寺也曾無緣無故搖動，彷彿地震一樣。正在打坐的心道法師著實嚇了一跳，持手電筒四處勘察，但見深深的夜色一片寂然，樹葉不動，唯有房子繼續不斷地搖晃，如波中行舟。這些看似怪力亂神的魑魅魍魎，以及諸多不可解的現象，顯然在考驗心道法師的定力，唯一的方法是專心用功。

這段日子遠光法師仍然每月護持五百元，作爲最基本的伙食。打坐極需體力，心道法師每日用電鍋煮飯，米加芝麻，一日一餐，一餐煮六人份，一次吃完，過午不食。當時心道法師心無罣礙，惟有打坐，日食一飯之外，再無食欲，也甚少與人交談，鎮日聽到的是風聲雨聲。修行兩三年來，禪定止住了思惟、計量、尋伺的作用，連語言能力都退化了。偶有鄉下人經過，他們總是對這位清瘦的和尚投以好奇的眼光，也有人說，怎麼有人在這裡打瞌睡？放牛的小孩更好奇了，佇足觀賞之餘，眼神流露藏不住的狐疑，這個人在幹嘛？沒有人回答，只有樹葉篩下細密的陽光，風躡手躡腳穿林而過，鳥雀啾啾叫個不停。

在圓明寺住了一段時間，有兩位同參來共同修行，一位是南投埔里東園蘭若住茅篷的常緣法師，另外一位是隨緣而住的開澄法師，都是老修行。然而圓明寺濕氣太重，他們沒有久住，離開時，也勸心道法師搬到後山墓園裡的靈山塔。一九七七年，老朽得再也撐不下去的圓明寺終於展開全面性的翻修，這下子心道法師就不得不離開了，離圓明寺差不多一公里的靈山塔，自然成爲他第二階段「塚間修」的優先選擇。

靈山塔內，思索死生

刺仔崙的靈山塔爲鄉公所所建，四周都是亂葬崗。此塔廢棄已久，十分破舊，孤伶伶地矗立於亂葬崗之中，顯得格外蒼涼。塔身共七層，最底層供奉著一尊地藏王菩薩，以及一些塵封已久的骨灰罈，心道法師獨自住在第二層，第三到第七層全部空著。準備搬到靈山塔的前一晚，心道法師夢見韋馱菩薩現高大金身，奏著天樂，仔細聆聽，原來是在稱誦《金剛經》、《心經》和〈大悲咒〉，最後一句「佛光普照」，清楚傳入耳內。這夢中祥瑞的情景，增加心道法師不少信心，後來在靈山塔內果然有了更深的禪定成就。

靈山塔的環境遠比圓明寺來得荒涼，連一張被螞蟻啃剩的破床也找不到。心道法師設法找來幾片木板拼湊成床，安憩之處有了，便四下打量這個陳舊敗破的塔，窗戶和門框已經脫落，殘留四個無法擋風遮雨的洞，靈山塔本來就不是人住的所在。歷經圓明寺的修行後，心道法師對外在環境更無所求，再怎麼惡劣的修行之地，他都住得自在。

把木板床拼湊好之後，心道法師在塔內轉悠，下樓，映入眼簾的是眾多骨灰罈子，它們就這樣被徹底遺忘在這個無人看管的塔裡，再無香火，他拭了拭罈上的灰塵，彷彿在探訪一群故友。塔內光線黑黯，偶爾路過的陽光，映照出塵灰的飛揚，整個塔透出一股難耐的陰冷。從塔再望出去，周遭盡是墓地，左邊長

右：廢棄已久的靈山塔，破舊又蒼涼。
中：塔身共七層，最底層供奉著一尊地藏王菩薩。
左：塔內的地藏王菩薩像。

滿密密麻麻的大樹，塔裡塔外同樣陰森，死亡的氣息籠罩著整個靈山塔，即使窗外陽光普照，也無法令人感受到「生」之愉悅，連鳥雀們的歌唱都少了幾分歡愉。

下雨的夜裡，狂風挾著密雨肆無忌憚地打入塔裡，窗口成了入水口，屋內成了水鄉澤國。濕冷外加陰涼，這滋味，恐怕一輩子也忘不了。即使無雨，夜裡依然是逼人的陰森，完全感受不到星月映輝的美景，在這裡，再美的月夜都予人淒涼之感。月色入塔來，灑入一地蒼白寂寥的光，映照著心道法師孤單打坐的人影，以及一室孤魂。圓明寺令人覺得孤獨，靈山塔更使人進一步探究死生的問題。

修行人和一群孤魂的生活，只能以「相對兩無言，唯有靈山塔」可以形容。

無言，是因爲心道法師雖然和這些幽冥眾生共處一室，卻是冥陽兩隔、死生契闊，該從何談起呢？他們的距離看來很近，實際上卻十分遙遠。心道法師爲此感觸很深，同樣爲人，因緣果報卻迴然相異。這些讓心道法師覺得人身難得，佛法難聞，更覺悟修道時間的可貴。在靈山塔這座悲傷、孤寂的塔，如果沒有正知正見，這地方恐怕會一刻也待不下去。更何況，靈山塔似乎自有其幽冥世界的邏輯，這裡的眾生並不歡迎擅闖領域的陌生人，各種各樣不可思議的現象，在在考驗著修行人的定力。譬如打雷，即便不是在欲雨之時，也會有突然的雷聲，彷彿在棒喝修行人道心是否勇猛堅固。

塔的南北兩方，有兩座山遙遙相對。有一次在塔外露地而坐，萬籟俱寂之中，突然聽到對面山頭傳來一陣吵雜的聲音，隱約中彷彿是戲劇開場的銅鑼聲，仔細一聽，卻了無聲息，心道法師於是繼續打坐。風聲輕輕搖動樹林，再一會兒，巨響又現，再細聽，又寂靜無聲。一夜打坐下來，就這樣喧囂寂靜反覆不斷，幾乎令人疑心是耳朵出了什麼毛病。有時那聲音又變成吱吱喳喳的講話聲，男女老幼嘀嘀咕咕，好像在商量什麼重大的事，卻怎麼也聽不清內容。心道法師不想聽，遂專心打坐，可是這會兒卻又聲聲清晰入耳。

叢林大學的同學超凡法師曾經在這裡跟他一起禪修近一個月，他也時常聽到這些眾生的耳語。有一次正吵得熱鬧時，心

──靈山塔周遭如今已經是另一番面貌。

道法師忍不住問超凡法師是否聽到。超凡法師默然不應，過了半晌，喧鬧聲復歸平靜之後，他才緩緩回答：「我正在欣賞。」

除了講話的聲音之外，還有一個不可思議的現象：兩座山之間，有時還會有如開炮一般，發出「轟！轟！」的吼叫，似乎在相互叫囂。寂靜的塔裡，也經常聽到上下樓梯的腳步聲，不過只聞其聲而不見其影。此塔看來安靜其實並不平安，心道法師覺得這些悲苦的幽冥眾生有許多苦難，卻無從傾訴，於是透過種種方式，傳達無以言喻的悲傷。

塚間修，參透諸行無常

當年靈山塔一帶多半是亂葬崗，但也偶有新墳，每逢葬儀，見送葬的人悲悽慟哭，心道法師也不由得心酸，哭得如喪己親。一轉眼，亡者入土，送葬者卻又了卻大事般，若無其事地嘻鬧吃喝，整個過程像扮一場家家酒。死亡大戲幾乎日日上演，竟像遊戲，漸漸地讓人覺得那實在是平常不過的人生風景。就像每日有嬰兒出生，為世間增添新生的喜悅，而這裡則是迎接亡者入土，生老病死乃人生必經之路，如同白天與黑夜輪替，是自然的新陳代謝，了解到這裡，生既不足喜，死又何足悲？揭開了死亡的恐怖面紗，更覺無常逼迫，生死如幻，各種欲望逐漸寂然如灰，內心會愈來愈冷，愈來愈淨明，對禪修而言，是一種助緣。

心道法師以諦聽寂靜之法，去觀照，去了知這世間一切的無常與幻有，讓心安住在覺照之上。如此由觀照而參悟，再由參悟而觀照，循環返復，直到契入法性。某日上座，心道法師體會心與靈覺合一，體用無有分別，得一偈曰：「體性寂然，虛無體性，常住虛無，不離體相」，這亦是坐禪之所得。

當時心道法師有兩個朋友在山下的仁愛之家當義工，也時常請他去幫忙。心道法師當義工替垂危的老人洗澡，或幫忙搬運往生者的大體。一個正在靈骨塔獨自修行的年輕求道人，面對暮年遲滯的老人，他看到的是一對對失焦而茫然的眼神，與對死亡恐懼無知的空洞神情，任憑誰曾經風雲一時，也難逃雲淡風輕、了無蹤跡的一天。心道法師更能體會生老病死的生命更迭，面對老死之人，則生起憐憫之感。老人的身體被時間吮乾，變皺，又那麼衰弱，在病榻之中等待死亡，那場景多麼無助淒涼。從老人空洞的眼神裡，心道法師讀到他們對死亡的恐懼。正是在死亡之際，眾生不同的業力顯現。曾經他看到一位屠夫，臨死之時，居然掙扎著躲進床下痛苦地哀嚎不斷，聲音如同牛叫豬嚎，這情景格外令人心驚膽顫。

在諸多事情當中，有件事令心道法師久久不能忘懷。

那是一個雨夜，淒風苦雨籠罩下的靈山塔特別不安寧，心道法師一如往常用功打坐。突然傳來一陣陣嚶嚶的啜泣，蕭颯風雨中，依然清楚地一聲接一聲捶擊著心道法師的心弦。那聲音越哭越悽愴，蘊藏著坎坷和心酸，彷彿遭遇到極大的打擊，聞之令人肝腸寸斷，泫然欲泣。這陣哭泣聲久久不絕，哭得人心慌意亂，一時間也跟著不知所措起來。這麼晚了，又是風又是雨的，誰在這裡痛哭？

心道法師決定起來一窺究竟。他循著聲音走去，這才發現是從放骨灰的地方傳來的，遂巡視一遍，聲音卻又消失了。沒辦法，他只好繼續回去用功。才坐下，飲泣聲又起。那聲音實在太令人心痛，心道法師便持〈大悲咒〉，結果咒未念畢，哭泣聲乍然消失，從此之後，那令人肝腸寸斷的哭聲未曾出現。至於那個哀傷故事的內容，寫壞了的人生情節，心道法師沒有多想。可想而知，靈山塔內必然有不少這樣仍在苦海掙扎，等待超度的眾生，心道法師的悲憫心被深深啓動，他愈來愈感覺到這些淒苦眾生都很想尋求解脫，他們正在發出求救的心念，渴求三寶的依靠，心道法師遂發願今生一定要度化他們，每天念《金剛經》回向他們，也希望他們護持他現在的修行。後來心道法師每月在靈鷲山上主持的圓滿施食法會，以及每年七月的水陸大法會，皆緣於此時所發的悲願。慈悲，自然成爲靈鷲山宗風的兩大面向之一。

—參透諸行無常。

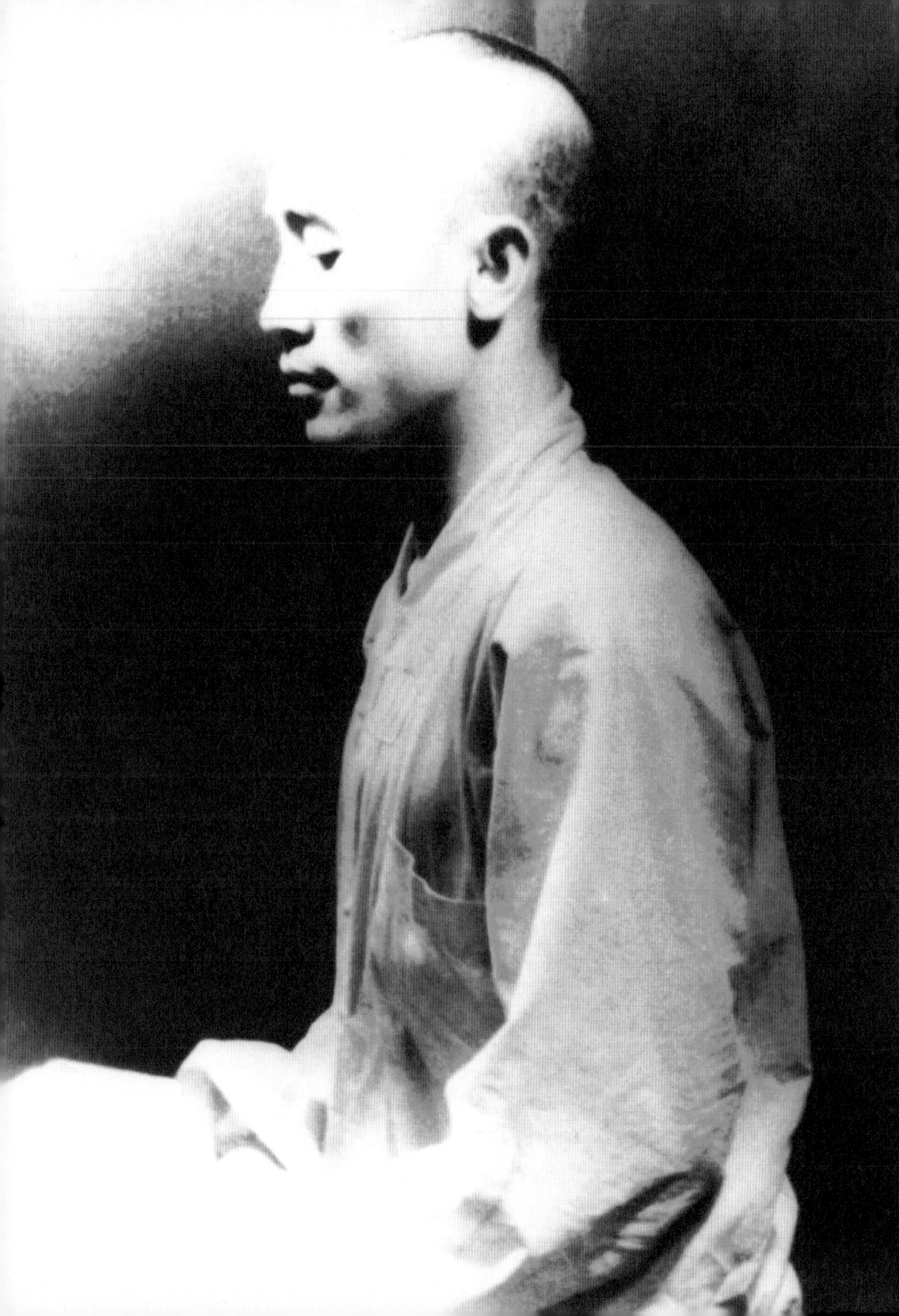

置身在這樣奇特的環境中，經常遭遇種種令人費解的事，這些幽冥眾生其實是修行的助力，他們不但沒有嚇阻心道法師的堅定道心，反而讓他領悟到：只要努力精進，鬼神也會恭敬依止。每日正視人生無常的事實，更鞭策他的修行，激勵著證悟宇宙諸法實相的勇氣。靈山塔的禪定愈得力，整個墳場的磁場也隨之轉變。後來這裡已經沒有一般墳場的淒涼恐怖，取而代之是修行的攝受力。在這裡近兩年的時間，讓心道法師奠定禪定的深厚基礎。

密勒日巴示現於禪定中

在一次禪定淨相中，最崇敬的密勒日巴尊者示現了。祂身形偉岸，以手摩心道法師頭頂，說：「你要相信自己是佛」，並賜號「普仁」。示現的尊者額頭有一塊黑色陰影，似乎象徵心道法師將來有修行上的障礙，而當障礙的陰影出現時，或許也正顯示著行者智慧莊嚴的成就相。

靈山塔雖然荒涼，可是心道法師卻視這裡為溫暖的家。他也說不出所以然，何以一回到這寂靜的地方會有歸宿感，立刻就想修行。這裡是他一生禪定最得力之處。因此將這裡取名為「啊！靈山禪院」。「啊」，即是咒語中的種子字，代表宇宙的能量集中轉換處。心道法師在這裡看到人生最無常的一面，每日與死亡相對，提醒他用功不懈。「塚間修」最大的收穫是「止」（定）的功夫扎根。觀照愈敏銳，思惟愈清晰，彷彿「靜態的自己」和「動態的自己」在相互拉鋸，最後「靜態的自己」漸漸地會將思想沉澱，並有規律地繫聯、架構起來。沒有經過「塚間修」之前，思想非常錯綜複雜，很難釐清楚。

靈山塔二樓的門外上方寫著「啊！靈山禪院」。

一日上座，身心安詳，忽覺靈明中現無限寂滅場，安住空裸裸之本明覺明，而非外雙溪時所體會的空靈與明靜。只覺無我相、無人相、無眾生相、無壽者相，體悟一切顯現都由空所衍生，感而有偈：「靈明虛照大千界，寂滅性空體如如」，自此遠離鬼神和生死的恐懼。

在刺仔崙這段沉靜的修行歲月，心道法師倒是收了第一個在家弟子許聰池。

這個十二歲的小孩常趁放牛之便，來找心道法師。第一次見面是秋末農閒，小孩牽牛翻過山頭來到這裡，居然見一個年輕出家人活潑潑在翻筋斗，很好奇，便要求這位青年僧人也教教他。兩人的結緣，竟始於此，倒是始料未及的。伶俐的男童跟心道法師學過幾套拳腳功夫，也開始接觸佛法。心道法師先是引導他讀《弘一法師傳》和《密勒日巴尊者傳》，再慢慢閱讀經典，隨著師父打坐持咒，許聰池終於成爲第一位皈依的在家弟子。

一九七九年，圓明寺重新整建完成後，一位老尼師當上了新任住持，她不但搬來一堆家具堆放到靈山塔內，還不時爲了一些芝麻綠豆的小事與心道法師處處計較，嚴重干擾了修行。後來老尼師更以心道法師成天打坐怠惰爲由，要求他搬走。雖然心道法師不捨這個令他精進的修行地，卻也只好另覓他處，結束了第二階段的「塚間修」。

如幻山房，道心的試煉場

宜蘭龍潭湖畔的一處山坡地，成了心道法師接下來的禪修地點。信眾們標會籌了一筆錢建造一丈見方的禪房，名之爲「如幻山房」，取「生死無常、如夢似幻」之意，這是心道法師修行以來第一個屬於自己的修行處所，時間是一九七九年。

「如幻山房」聽起來典雅，其實極度簡陋，大夥兒用麻竹綁上鐵線，抹上石灰，搭建成簡陋的禪房，事先沒能曬乾的青竹在完全乾燥之後自然萎縮，於是鐵線多出了一大

上：如幻山房聽起來典雅，其實簡陋，連山門都是草草搭建而成的。
下：以木板和鐵皮搭建的迷你關房。

截，雖然說施工粗糙，但奇怪的是，這麼隨意搭建的陋屋，幾經颱風的蹂躪，竟沒有倒塌。這一丈見方之地，成了心道法師的安身之處。

山房附近是一片墓地，其間又另行搭蓋了一間約一公尺見方的關房，這裡只容得下行不倒單的法師。每天傍晚六點他自行攜帶草蓆去到墓地打坐，隔日早上十時方回到山房，再繼續打坐，但草蓆卻常常得換新的，因爲它不是被風吹走，就是送給人家。這裡是他成就般若智慧的地方，除了打坐就是持〈大悲咒〉和誦經。如幻山房的「塚間修」其實是接續靈山塔而來的，不同的是，在靈山塔時期仍然有塔爲蔽，到如幻山房附近的墓地唯有以天爲蓋、以地爲鋪、以死者爲鄰，在塚間打坐時與天地萬物爲伍，乃得一偈：「圓滿寂靜不動尊，無生無滅無涅槃」。「涅槃」，在梵文裡的本意是「熄滅」，熄滅一切煩惱和意識心的活動，停止慣用的日常思惟模式和分別作用，把心停下，那是一種至善圓滿的生命佳境，更是一種絕思絕慮的境界，無生亦無滅。

心道法師每日在此鎮日打坐，禪定的攝持讓他的神情顯得格外寧靜肅穆，定力所發，常有預感，自知度眾的因緣隱然萌動。塚間修在台灣極爲罕見，當此事經《覺世旬刊》報導之後，原本在如幻山房裡潛修的苦行僧一下變成聞人，很多信眾和大專佛學社的學員絡繹不絕地前來看他。對於心道法師而言，昔與往生者爲伍，今則與人群接踵，這突來的轉變，一時還眞難令人適應。爲了說法，心道法師努力把擱置的語言能力重新

拾起，卻總覺得表達能力似乎喪失大半，常常腦筋一片空明，在世間人看來就像魯鈍，上一句說完，下一句彷彿用石子投海，便再也接不上。因爲禪修時整個人處於直觀的狀態，不做意識的分別，更沒有邏輯的組合，可是說話卻要啓動思惟邏輯來組合詞句，二者分野極大。心道法師彷彿回到童蒙的階段，重新吃力地牙牙學語。參訪者多了，要學習說話，意味著心道法師開始與人

——心道法師自知度眾的因緣隱然萌動。

群接觸，剛開始的時候很不習慣，鬼道和人道眾生雖然冥陽殊途，但度化兩者都需要極佳的耐心和慈悲。

與人群接觸，就有因人而起的人事問題。當然，這也是一種修行，「人生佛教」的目的，最終也就是要回到人群裡，去處理人的問題。心道法師的心得體悟是：活著的人比往生者問題更多。面對幽冥眾生，只要慈悲回向，自然無所畏懼。可是，人呢？人是永續的問題製造者，如何對應引導人們學習佛法、解脫煩惱，遠比鬼神麻煩而複雜，七情六欲所發動的力量卻足以摧毀人類自身，甚至整個世界，譬如戰爭。

正因爲如此，心道法師認爲人事就是道心的試煉場，所以從幽冥界到人世間的考驗，無外修行，人的問題才是最大的考驗。心道法師如今回想，這段修行過程是最苦的，苦的原因是質疑：爲什麼多年禪定卻無法解脫因緣變化？因人而起的困擾，接踵而至。譬如慕名而來的人有些已經有皈依的道場，然而他們要求成爲心道法師的徒弟，這樣一來，就形成人事上的糾葛。甚至還發生一些匪夷所思之事，例如，心道法師被莫名其妙地檢舉爲間諜。在那個詭異的政治環境裡，欲加之罪，何患無辭？「檢舉間諜」成了一種恐怖的整人遊戲，還好有通情達理的警官明查暗訪這個離奇古怪的控訴，調查清楚後主動撤銷了這件誣告，只是背後的黑手始終不曾現身。

爲了因應日益越加的信眾和來訪者，眾弟子又在山房增設瓦屋，供奉一尊右臥佛，充作師徒一起研經修法的殿堂，同時作爲度眾弘法之用。心道法師於某次禪定中，見「常寂光土」四字，故將新寺命名爲「寂光寺」。

即使有了如幻山房和寂光寺，心道法師並沒有中斷塚間修，每日按照固定的時間到山房後面的亂葬崗打坐。某個夜晚，突然有一隻狗跑到墳場朝他吠個不停，他認出這是乾媽家的狗，登時心裡一震，感覺乾媽家裡必然發生了什麼大事。翌日一大清早，心道法師立刻趕回關西去探視，卻再也見不到乾媽慈祥的笑容。只不過，陳貞妹一家人都不知道是誰通知他回來的。心道法師覺得那是乾媽臨終掛念著他，希望他能夠親自爲她超度。

出家弟子的緣分與考驗

一九八〇年，心道法師三十二歲，收了第一位男眾出家弟子寂光師。同樣在這一年春天，擔任大學佛學社社長的大四學生黃于芬，原本是來宜蘭尋找如來禪寺的常照老禪師，雜誌上報導說老禪師在禪定時身體會放光，很有神通，於是她便約了一些伙伴前去看個究竟。她獨自搭乘的計程車到了宜蘭龍潭湖畔，司機卻誤停在如幻山房門口，入山口的「如幻山房」四個字在她心裡激起了一種難以名狀的感動，好像有一股力量在召喚她入內，但她被同學從龍潭湖兩百公尺外的對岸叫住，催促她快到如來禪寺去了。後來她領到一筆家教費，原本打算供養老禪師，但同學建議她到如幻山房供養這位年輕的法師。當天，剛從塚間苦修回來的心道法師，威儀具足的禪定力量，黃于芬被眼前這位法師的神態完完全全震懾住了，雖然她曾經拜訪過許多有名望的大修行人，也在多處道場打過禪七，但從未見過這等莊嚴的行者風範，眼前這位皮膚黑亮的年輕法師，像極了想像中的天竺梵僧，連眼神都是垂視的，這形象讓她永生難忘。

第二次拜訪，她跟心道法師聊到各種密法和神通，法師很不以爲然地告訴她說：只要往生到極樂世界去的人，馬上就有神通了。可是一個人如果內心有煩惱的話，不管到哪裡去，心都是不通的。所以妳要學禪，只有學禪才能心通，心通了到處都通，就算到了地獄妳也很通達，也很自在。

這番話登時讓黃于芬從神通夢土裡摔了出來，這時候她已經非常確定眼前的頭陀，即是追尋多年的上師。下回再來，黃于芬如願皈依了心道法師。一年後，她放棄了貿易公司的工作，也放棄了合伙創業的機會，於一九八一年六月六日正式剃度出家，法號釋法性，爲心道法師的第一個女眾出家弟子。（幾年後，法性師成爲靈鷲山的大師兄，對心道法師在日後開山和弘法有很大的貢獻。）

過不久，又有一位比心道法師年長很多的女眾弟子剃度出家，也就是長年幫苦修的心道法師護關的道明師，早在靈山塔時期她就開始護持心道法師。三位出家弟子，加上其他皈依護持的在家弟子，如幻山房的人氣漸漸旺了起來。

上：法性師（右）後來成爲靈鷲山的大師兄，對心道法師在日後開山和弘法有很大的貢獻。
下：道明師幫斷食苦修的心道法師長期護關。

有一天晚上，心道法師跟法性師一起打坐到深夜十二點左右，他突然決定到墳場去，法性師儘管心裡害怕，還是硬著頭皮隨師父爬上小徑，走到墓場。心道法師在一座墓碑旁叫法性師一起蹲下來，聆聽周遭的聲音。這舉動令她覺得毛骨悚然，但師命難違只好照辦，沒想到她越聽越安靜，所有的聲音漸漸消失。法性師猛然悟出一個道理：不管多麼活躍和動態的事物，到最後它的終結都是「生滅滅已，寂滅爲樂」。心道法師告訴她，這即是他在塚間修要證的其中一個東西：「一無所得」。法性師和道明師是極少數有緣跟隨心道法師長期在塚間修行的弟子，那段清淨苦修的日子，不但收穫很大，那種苦中帶甘的感覺，竟然令人十分懷念。

如幻山房慢慢有了道場的規模，弟子也多了起來，然而大家根器不同，心道法師必須解決弟子的教育問題。以前只管自己修行，其他無暇多想，如今弟子一多，問題浮現。例如有一對虔誠的夫妻，常來探望護持，他們感佩於心道法師的苦行，因此先後出了家。出家之後，在家的習性依然不改，曾經有一次被人看到在龍潭湖邊手牽手一起散步。當然惹來附近民眾的非議。心道法師怒斥了他們，將他們逐出師門，對方當然也惱羞成怒，到處寫傳單毀謗法師。佛教界有些道場知道了這件事，立刻與心道法師劃清界線。事情像滾雪球，一發不可收拾，連十幾個剛收的信徒也跟著退道心，只剩下法性師和道明師。過了一些日子，事情平伏下來，大家總算看清楚了事實，道場才逐漸回復了元氣。這件事對心道法師和弟子都是一次重大的考驗。

禪師的修行與生活

在如幻山房的修行期間，他自覺禪定功夫已深，卻惑於在心境上還不能離苦，達到「常、樂、我、淨」的狀態，所以頭陀苦行和塚間修必須堅持下去。

雖然事隔多年，弟子道明師記憶裡的畫面還是那麼的清晰，她說心道法師每天在墓地坐禪坐到早上十點回來，竟然不會流汗，即使是烈日當空的夏天，都不

在如幻山房閉關修行時的法相。

例外。師父洗把臉，小小躺個半小時，吃過午飯就去持〈大悲咒〉，不論晴雨炎寒，每天的修行步調都是固定的。道明師感佩師父堅定的苦修之心，經常爲師父煮飯、洗衣。除了打坐，在山林間烹食，河塘邊搗衣，是她生活中的重要功課。

心道法師每天早晚固定繞龍潭湖一周，之後便到墓地靜坐，也時時與大弟子寂光師對機問答。弟子的問題，有些能答，有的不能答，這也成了師父的修行功課。心道法師從體性空契入明心探究，能知與所知的界線該如何破除？在禪修期間，心道法師以經典或禪宗祖師偈語，印證其修習心得是否正確，與古德所悟是否有出入。另外密勒日巴的傳記資料，也是常常翻閱的最佳修行讀物。而《金剛經》更是日常功課，已經是倒背如流，法師在知見上不斷確定自己所修不離佛之究竟法義。

有一天，心道法師正責備寂光師，道明師好心插嘴相救，結果連她也一併被罵。師父罵了好一陣子，見她站著，才喝道「坐下！」，道明師原以爲師父總該罵完了吧，豈料心道法師又繼續他的機會教育。等時辰差不多了，才叫她去做事，寂光師得繼續聽師父的叨念。

除了三個出家弟子之外，在龍潭尙有皈依的在家眾李勇、林竹南、蔡國雄，以及後來護持心道法師斷食的莊子和與張漢添，心道法師戲稱他們是黑白護法。莊子和後來回憶那段和心道法師相處的時間，覺得師父對出家弟子很嚴峻，然而對在家弟子卻很親切隨和，大家可以像兄弟一樣相處，沒有罣礙。法師有時會打電話叫他們到山上走走，不過只要是遇到跟修行和傳法相關的事，心道法師就會嚴肅起來。譬如打坐時，心道法師絕對禁語，很有威嚴，不許弟子們亂動，一妄動，就斥人趕人，慕道心切的弟子腳再痠，也都只好咬牙撐過去。

顯密圓融，本來一味

藏傳佛教是在一九七〇年代中期在台灣逐漸興盛起來，一九八〇年代初進入第一個高峰期，頻頻來台的藏傳密教仁波切或法王，在其極爲有限的簽證停留時間內，爲了更能夠廣結眾緣，常以傳法和結緣灌頂加持爲主，很少能夠深入佛法或教義的層面進行交流，部分不諳漢語的上師更是如此。

心道法師最早跟藏傳佛教道場的結緣與早期宜蘭的學法弟子有關，話說當年像法性師這樣的大專佛學社的學生常常組團到處參訪善知識，把佛教的訊息串流起來，隨著法性師等幾位大專生出家以後，這些法訊也跟心道法師結上法緣，此時台灣的社會隨著繁榮富裕，也正興起一股學佛潮流。一九八〇年，心道法師參加了噶瑪噶舉派卡魯仁波切一世的「時輪金剛」灌頂，並授法名「無畏」。兩年後，噶瑪噶舉派創古仁波切首度來台，心道法師也從他得到四臂觀音、大手印的傳法。心道法師從實修的身心出發對一切法脈有機會都去接觸，不只藏傳法緣深，還包括其他宗教。

當時還有一位跟心道法師很有緣的老師，他是印度教著名的「完美老師」。傳法的前一天，心道法師在禪坐中聽見清楚的天樂法音，隔天完美老師便正式傳授印度教的四種修法給他。心道法師對這些傳承都很珍惜，也保持開放虛心態度來看待，對各個法脈傳承，都盡量去瞭解、比較、學習，從知識性角度通盤理解各宗教傳統的異同，也許因爲過去生的緣分，心道法師總是能在佛教的思維求證上，一再得到相應的肯定。他悟到「法法本無法」、「法性一如」。當時受法中，心道法師最相應的是密勒日巴尊者。

當年跟心道法師結法緣的眾多上師，還有華藏精舍的智敏慧華上師，這是西康諾那呼圖克圖活佛的法系，諾那的傳承還有南懷瑾、吳潤江、屈印光等幾位大居士，都與心道法師頗有法緣，其他張澄基、陳健民、貢葛老人也都經過各種直接間接的方式陸續與法師有所接觸，他們都是影響當代佛教頗深的老修行。心道法師認爲密宗有一套歸納學，對佛法呈現一個全盤的、有系統的理解，從這個全面性的思考當中，較容易找到修行的方向，讓人對佛法無微不至的，深廣、遠近、有無、明覺一心的生命系統，更能體解大道、發出無量心。

當時如幻山房有幾位在家眾弟子也對三乘各有所取，偶爾會從其他道場學來一些法來請教師父。一直以來，心道法師都認爲佛教三乘只是修行法門上的差異，其實是殊途同歸，三乘所參的都是同一源頭。他總覺得學佛應該在修心的基礎上，海納百川，不必拘泥一家，應該讓弟子有機會去體驗、去參認不同宗派的法門，才能因應現代社會各種考問。

一九八二年諾那上師智敏慧華來到如幻山房傳法，傳授「阿彌陀法」和「金剛亥母大法」，儘管當時寶島已經逐漸顯密法緣興盛，但在如幻山房這個簡陋又偏僻的迷你禪宗道場，能有這樣的傳法還是非常奇特的景象，心道法師及弟子們席地而坐，倒也十分自在。

心道法師從那時便看到時代所趨，也看到佛度有緣、法無定法，皆是因人施教，因緣得度而已。此事自然更應契心道法師未來弘法上兼融三乘合一的信念和修行方向。

關於成佛的困惑

隨著佛教在台灣漸漸風行起來，愈來愈多修行人在顯示其神通，所以常有求神通的學生到處拜師，神通還算小事，最令人震撼不已的傳言是「成佛」。有一位對佛學與修行十分熱忱的在家眾弟子張念誠，他在好些道場裡不時聽到某些修行人的成佛消息，台灣才那麼一小塊土地，哪裡冒出這麼多成佛的高人？況且他從佛經裡讀到的是：自釋迦牟尼佛入滅之後，必須等彌勒佛降臨這個娑婆世界，方才有佛出世。佛經裡的說法和現實的傳聞明顯是兩相牴觸的，他正爲此事而苦惱。

心道法師無意討論這些無益修行的紛擾，也常常勸誡弟子，他從心性的層次來說這個道理。他跟張念誠說：如果從「心性」上來說，所謂佛其實就是心，心即是佛。佛是對宇宙一切現象都能大徹大悟圓滿證知的覺者，那是心性上究竟成佛。如果另從「因緣成就」的成佛歷程來說，佛即是在一切六道十法界裡生生世世行般若行，積聚了累世累劫的正覺所得到的果報。此二者是相互配合而成的，缺一不可。

心道法師以爲修行離「心」無異緣木求魚，其他都是雜論，皆屬多餘。「心」原不屬於任何現象，如果我們捨心而不談，終歸也是一無所有。所以在宇宙、在娑婆世界、乃至在人與人之間，除了心，其實沒有任何事物能究竟爲我們所擁有。如果能夠實際如此了知，那麼無論處於任何時空，我們都可以「唯我獨尊」並「得大自在」，當自己的主宰。反過來說，如果不了解心的本體，一意往心外追逐，那麼我們在一切因緣上，在一切現象上，便將永遠得不到滿足和安住。

張念誠總算明白了心道法師對他的開示——當他的心仍不「明白」時，心會整天地起作用，製造無數無邊的是非和煩惱。除非眞實地了解了「心」，他才能夠自如地去用它，否則他將成天讓「心」奴役著，當不了自己的主宰。至於最近誰眞的成佛、或假的成佛，都不重要了，重要的只有「心」，心即是佛，一種大徹大悟的境界。眞正的修行者，不是自己成佛，而是讓一切眾生都能脫離輪迴之苦，讓一切眾生徹悟成佛，這便是「華嚴世界」的願景。

修行之餘，物我無間

修行之餘，心道法師便與四周的自然環境融爲一體，物我無間。安靜的墓地裡，小動物很多，樹林裡總有覓食的松鼠，搖著牠們蓬鬆的大尾巴在枝椏間跳躍。心道法師非常慈悲，手上有食物，總是不忘這些陪伴他的老朋友。雀鳥也一樣，牠們習慣跟這位清瘦的出家人要食物，一點也不防備他，邊啄地上的米粒邊轉動好奇的眼眸子，偏頭看他靜靜佇立林邊的出神樣子。

松鼠和鳥之外，心道法師連蜜蜂和螞蟻也餵，一草一木，他都小心對待，覺得處處是生機，隨時隨地都能活活潑潑、生動自在地與大自然安然相處、和諧對話。法性師說，某日，有兩群蜜蜂爲了爭奪地盤，正激烈地纏鬥和攻擊，非鬥個你死我活，果然不久，地上便掉落一群奄奄一息的蜂群。爲了防止蜂群廝殺，心道法師想出一個怪招：以香燻昏交戰的蜜蜂。可是醒來之後，牠們又會繼續格鬥。

燻香無效，心道法師便叫法性師拿水來，準備持咒灑淨。沒想到法性師提來一桶水，迅雷不及掩耳潑向蜂群，被攻擊的蜂群立刻撲向一旁的心道法師，他不只被淋得一身濕，還給叮了滿頭包。事後，心道法師無奈地告訴法性師：「我叫妳拿一杯水，妳拿一桶水來幹什麼？」原來心道法師想持杯水念〈大悲咒〉來爲兩群格鬥的蜜蜂做和事佬，法性師卻當他要強力驅散蜂群，毅然代師出手。意外之舉，讓心道法師哭笑不得。

當時另有一樁趣事被眾弟子和鄉親們傳了開來。

心道法師有一輛二手摩托車，破舊的程度幾乎讓人以爲只要一發動，便立刻解體。但這輛車卻像有靈性似的，在心道法師手裡，它總是乖乖的從來不鬧脾氣。附近的村子裡，有些遊手好閒的混混老想找心道法師的麻煩。有一次，這輛摩托車正好停在人跡罕至的小巷子裡，混混阿三眼睛立刻爲之一亮，走近一看，連鑰匙都沒拔，他高興得跟撿到寶似的，立刻騎上去，誰知道摩托車任他怎麼發動，都沒有反應，最後弄得滿頭大汗，三字經全出口了，摩托車仍杵在那兒。

心道法師剛辦完事回來，遠遠瞧見一個人騎在他的摩托車上，連忙跑過去，阿三知道他是那個怪里怪氣，成天在墳場坐著沒事的窮酸和尙，索性粗聲粗氣地向法師抱怨這輛整人的破車，心道法師笑嘻嘻地說：「原來你想偷我的車，它是不會聽你的話的。」

說完，跨上車座，發動引擎，立刻揚長而去，留下錯愕的阿三。

武舉人古堡，斷食以了脫生死

在如幻山房期間，心道法師經常是日中一食，不定期斷食幾天，以求斷惑明心。外雙溪及靈山塔時期證得寂然體性，如幻山房時期則是明心除妄，現在面臨的關頭是審除內心的微細疑惑。心道法師用斷食來面對。斷食當然是痛苦的，肉體的折磨和生理反應的改變，欲望自然降到最低，一切雜念都消失了，只剩下死的感覺，此時，超越肉體存在的覺知會愈來愈明顯地穿透出來，心念更細膩，更具有綿密的觀照力，靈性也比以前任何時候都來得光明、明白，這讓心道法師能夠清楚地思考：是什麼在苦？有什麼是不苦的？我的煩惱在哪裡？死是什麼？在覺悟跟生死之間有什麼樣的關係？斷食對心道法師在這些問題上的思考，有極大的幫助。

心道法師的苦行實修獲得愈來愈多學佛求道之士的關注，絡繹不絕的來訪者導致他的斷食無法持續。人來人往的環境妨礙了靜修，於是他決定離開待了四年的如幻山房，在後山巖壁底下搭建另一座與世隔絕的關房，於一九八三年一月初正式入關。兩星期後，在弟子的建議下找到一個更理想的關房——周振東武舉人古堡的遺蹟。

員山鄉的武舉人古堡是一個周氏信眾的祖厝，他的先祖周振東曾經高中武舉人的功名，家聲十分顯赫，見證了這段輝煌族史的周家祖厝，遂有了「周舉人古堡」或「武舉人古堡」之稱。心道法師帶著「不悟道即亡」的決心，來到這芒草高過人頭，沒入天頂之處。廢墟隱蔽處的一道隔牆是他的修行處，沒有房間，只是簡單的伐木搭蓋屋簷，遮風避雨而已。設一張破舊禪椅，椅子四個腳撐著竹竿來掛蚊帳，日夜參修。如此孑然於天地之間，世與我兩相忘，斷絕世俗所有的聯絡，在斷水斷電的狀態下，直探人生終究之理。當時「黑白護法」莊子和以及張漢添常常來探視隨侍。夜幕四闔之時，只有月影星光相伴，映得草葉影影幢幢，蟲聲不絕如縷，聽覺卻異常敏銳。這間祖厝有個防範原住民獵人頭的碉堡，還布滿了彈孔。心道法師形容這是一個「蛇多鬼多」的廢墟，十分潮濕，下雨的日子彷彿牆壁和地板都在滲水，晴朗的日子仍是水氣濃重。

在稍早的一九八二年十二月，心道法師夢見自己的胃被割掉，醒來之後尋思這個夢的意義，遂決定翌年開始長期斷食。一方面爲了究竟生死，了脫困惑，再方面也爲了考驗自己逼臨生死邊緣時，內心是何狀態？

也就在這個時候，心道法師從慧華上師獲得「辟穀法」還有「圓滿施食」之法本和心要，斷食因緣已經清楚顯現，辟穀法中教導斷食修法的過程，以及煉製百花丸的方法。法本還詳載著斷食的種種生理反應與對應方法，例如有暈眩而摔倒，或頭痛的狀

——武舉人古堡是毫無遮蔽的廢墟遺蹟。

況，就吃蜂蜜、喝羊奶。當時護持的在家弟子到野地去採花，採下之後蔭乾，但不能曬太陽。在家弟子蔡國雄家的二樓都用來蔭花，三、四十斤的花蔭乾之後只剩一點，再打成粉，搓成丸子，持咒七七四十九天之後才能服用。採花必須「專業」，一則採花地點必須清淨，再則每採一朵花須念一句大明咒。花蔭乾之後萎縮，最好採花肉厚些有分量的，最重要的是無毒。莊子和在夏季時採過河床上的一種白花，花蜜多，分量足。春天時一天大約可採得六、七斤的杜鵑花，可是十斤蔭乾之後，水分蒸發，就只剩不到一斤，再打成粉，就剩下那麼一點點。所有程序都必須依據法本，如法如儀，事關師父的生死，護關弟子用心可見一斑。

斷食修行的心道法師極為羸弱，只飲大悲水，日食九顆百花丸。斷食的第一個月是最危險的，由於身體不習慣突如其來的調節，常常虛弱得在死亡邊緣徘徊。心道法師回想那一個月，簡直就是生死一線，只要一個呼吸沒有調順，死亡，便在眼前了。目睹心道法師痛苦得整個身體蜷縮在地上，守護的道明師幾度懇求心道法師不要再斷食，然而心道法師斷食之願既發，乃決志不疑。

心道法師就是為了離群索居，才選擇這個無人廢墟來躲避人群，消息卻不脛而走，信徒又三三兩兩地尋來。另一方面，為了出家弟子們的常住生活，他必須偶爾重返寂光寺親自為護持的信眾解惑說法，才有道糧。其實斷食中的心道法師非常虛弱，禪修又很耗體力，道明師不忍心師父蠟燭兩頭燒，又鑒於長期斷食不能猛然進食，於是建議用酒補充能量。其實她也不知道斷食中的師父身體能不能承受，但這是眼前唯一可以一邊維持斷食一邊禪修與度眾的方法。

心道法師與酒的因緣，充滿了藥石的實驗性。

一涉及酒戒，是非自然難免。因爲佛教的根本五戒中，殺、盜、淫、妄爲「四性戒」，也就是根本不可毀犯的戒。酒爲「遮戒」，意即有可能遮蔽心智而毀犯戒體之意。喝酒，原是心道法師長久斷食情況下，爲了道業精進、慧命延續不得已的非常手段，卻不能免除爭議。然而，此時心道法師一心只想挑戰斷食的身心靈極限。有了禪定的深厚基礎，他更要窮究宇宙的本來。爲了肉身成道，連死生都可放下，區區杯中物又豈能是他的障礙。

古堡的生活比起如幻山房自然安靜多了，這段時間，心道法師無須面對人群，即使有人來，多半是護持問道的信徒，可以每日專注內觀修持。這一帶鄉野俗村，心道法師的行跡不免引來怪異的眼光。護關弟子就曾經傳說，有一次，不知哪裡冒出一個混混，對著心道法師破口大罵，三字經也脫口而出，還堅持一定要把心道法師趕出古堡。心道法師不聞不應，只管隨他去。混混罵完，見他像塊木頭，也覺得很沒趣，便訕訕離開，離去時還邊走邊罵。才走沒多久，卻又見他莫名其妙回來求饒。原來他一離開古堡全身就出奇地發癢難耐，抓得發紅疼痛，附近人家勸他回去道歉。或許是巧合，道歉完畢就不癢了，以後也沒見他再回來鬧事。

心道法師在之前的禪修累積了相當深厚的成果，所以在武舉人古堡很快地悟道。某日夜晚天空閃電不斷，回到關房後，一上座，心識很快由粗入細，從變化而不變化，瞬間大地彷彿平沉落陷，獨露覺性光明。無物質、無萬有、無障礙，穿透一切身心世界，識得原來一切萬有本自平等、不相為礙，宇宙萬有皆為明覺心性所變現，了無一物可得，空有不二。自此身心平和，世界也本自平和。這時候方悟到「空昭不二」的道理：見性是空，性見是昭。空即見處，在此見處回頭看，即是昭。昭乃通體光明、細密分明。從空回頭見昭，即見其明。昭明清澈、纖細不紊，在昭明裡頭，了無生死。到此才真正明心見性，明證心性合一的空昭不二。這過程是心識入手，細之又細，以至於明，才得見古今不昧的明體。簡單而言，這是一種踏實明朗的心地風光，恰似初月吐明。

從一九八三年一月初到六月，心道法師在武舉人古堡斷食修行了差不多大半年，身子非常瘦弱，精神卻愈來愈好。可是這裡總是有信徒前來尋訪，免不了產生一些干擾，於是心道法師經由住在福隆的信徒阿慧的帶領，覓得福隆荖蘭山的山頂一帶，作為長期斷食的安頓處，無形中也結束了長達八年的塚間修，到另一個山海交界之處，展開更艱困的苦行。

心道法師在宜蘭修行的位置圖。

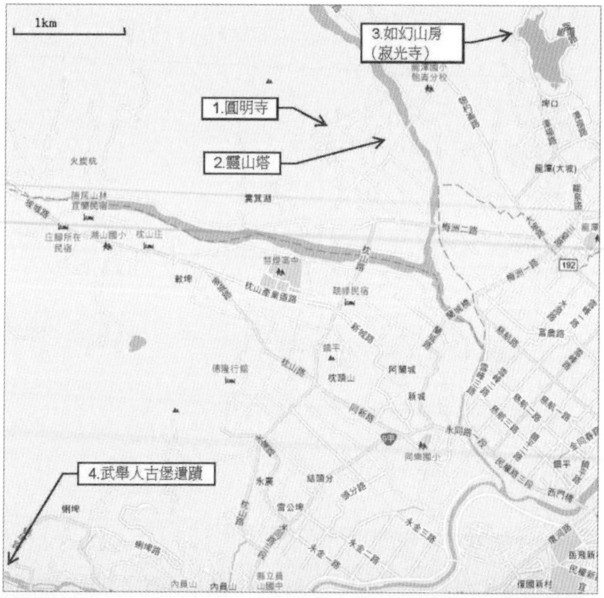

宜蘭縣礁溪鄉二結路：圓明寺 [Y] 靈山塔 [L]
周遭深色部分為林地，灰白色為墓地。

宜蘭縣礁溪鄉環湖道路：如幻山房（寂光寺）[H]
周遭灰白色呈點狀區塊為墓地。

宜蘭縣員山鄉蜊埤路：周振東武舉人古堡遺址（深色部分為林地，灰白色呈點狀的區塊都是墓地）。

4

初建靈鷲山

1983~1988

鷹仔山，出火與請火的傳說

「荖蘭山」是地理上的專有名稱，在地的民眾都叫它「卯鯉山」，因爲此地爲鯉魚穴的風水寶地。也有一些居民叫它「鷹仔山」或「鳥嘴山」，前者是因爲山上很多老鷹出沒，後者則緣於山上許多尖如鳥嘴的巖石。那時早有前山的拱南宮，以及山下靠海邊聖山寺的兩座寺廟。聖山寺的寺產所有人是吳春泉，後來吳先生慨然將這寺廟捐獻給心道法師管理，唯一的條件是不能更改「聖山寺」的寺名，沒有人知道誰開始起了這個「聖山」之名，吳老先生只說這裡是「台灣頭」，古早就是當地人心中地地道道、名副其實的「聖山」。聖山寺遂成爲靈鷲山在福隆當地的分院，後來山上建設計畫也就自然以「聖山」來通稱了。

當時心道法師來到鷹仔山，聽到很多關於這裡的傳說。

現今只要是住在沿海附近一帶七十歲以上的老人家，談起昔年目睹此山的種種異狀，彷彿歷歷在目。以前沒有燈塔的時代，福隆近海的漁家很容易捕到魚，許多漁船都曾經在鷹仔山一帶的海域作業，夜裡常常看過山巔上出現大團的紅色火光，會走動，稱之爲「出火」。夜間船家把它當作暗夜裡的燈塔，每次出海打漁總會習慣看看山的方向，只要看到出火，就知道又會是一個平安回航的夜。神火呈紅色或黃色，屬陽，而且無鬚；鬼火是青色的，屬陰，有鬚。鷹仔山的神火是吉祥之火，所以每隔十二年，附近的道觀都會上山「請火」。這山一直是附近靠海維生的居民心中的聖山。

退休多年的討海人簡登聯是「出火」的目擊者之一。

他曾經對採訪者說：「我親眼在海面上看到出火，那邊沒有屋子、廟，沒人到上面。那火是黃色的。那個日子我也記得，農曆六月二十四晚上十一點多，我在海面上看到一次。一開始，一團火直直下降到濱海公路，再浮上去，接著就有很多團火跟上去，到了普陀巖就消失，普陀巖再過去就是靈鷲山。」根據當地居民的說法，六月二十四日是地君生日，那些來回的火團，大概是下來要給地君請客的山神吧！福隆村村長吳憲發的家裡有好幾代都是討海人，他的祖父也是出火的目擊者，只是不知道那是土地公火或者神火，反正就是一團紅色的火焰在山頂飛跑。這奇特的現象也從未有人從天文或地理的角度來研究它，神火就如此熊熊地流竄在老人家的見聞裡。後來因為建了燈塔，加上漁火等光害愈來愈多，所以再也看不到了。

至於「請火」一事，同樣令人費解。

老村長說古早的時候，王爺宮每十二年一次，信徒們要到最高峰去請火。他們看到從龜山島那邊有一把火自海上浮過來，這時大夥兒早已備好一具四人合搬的大香爐，火一竄進爐裡，馬上爆出火光，裡面的金紙開始燃燒，火就算請到了！雖然尚未開山闢徑的鷹仔山攀登不易，但這盛大的宗教活動參與者相當多，不同的廟宇會根據神明的指示上山請火。據說上次發生是在光復前，以後就不曾聽說過。不管怎樣，這也是鷹仔山的傳奇。

普陀巖，更艱難的閉關斷食

心道法師和弟子來到普陀巖是一九八三年六月中旬，炎熱的夏天。

普陀巖距離宜蘭縣員山鄉武舉人古堡約七十公里，相當遠，此山面臨一片無盡的大海，海風送來微鹹的氣息，浪花生生滅滅，宛如展演人生幻夢大戲。湛藍如鏡的太平洋，遠看它彷彿是不變的，其實它分分秒秒在幻化，就像我們的肉體，以肉眼看不見的速度緩慢老去。這世間沒有恆久不變之物，斷食爲的是了脫生死，體悟死生大義，而大自然正好用它的方式搬演這個道理。覺悟生死，爲的是不要對生死有恐懼，因爲生死本就是一種因果的呈現，是心所種下的好、壞因緣的變化。當它壞時，就像浮花浪芯一樣消失，等下一波大浪掀起，則再出現。我們的身體當然也像泡沫，因緣聚合而成，緣散之時，就是消失之際，如此回返往復，形成生命的長流。

那時候的普陀巖還是一片荒山，路只到山腰的拱南宮，往上只有石級，再上去就是荒草煙漫的雜樹林，也沒有水電供應。其實普陀巖、拱南宮都是當地同一戶人家所籌建，拱南宮是道教廟宇，供奉呂洞賓，普陀巖拜佛祖和觀音。拱南宮籌建後，該戶人家原本要在荖蘭山建普陀巖，但工程一直不順利，所有的土木建設都無法靠近荖蘭山，後來廟公起乩一問，神明即道出荖蘭山的地脈跟浙江普陀山是彼此貫通的，此地只能作爲觀音的道場。於是廟方就另覓山腰寶地，普陀巖便蓋在這裡，但其硬體建設嚴重匱乏，故香火難盛。

比起平地，普陀巖的基本生活條件相對艱難。由於地處僻壤，再加上斷食閉關、清修絕俗之故，一般信眾的維持自然也銳減了，連供養佛像的錢都擠不出來，只好就地取材，以石板當供桌，找幾片木頭寫上韋馱菩薩和四大天王的字樣，每日用清水供養。每日黃昏，面對著浩瀚的太平洋，法性師和道明師一起坐下來打算未來幾日的活計，一個不小心，師父和眾弟子的生活就無以爲繼了。唯一安慰的是面海而坐的心曠神怡，滿天雲霞，氣象萬千，映照海面，靈氣氤氳，宛如天龍八部在嬉戲，鼓勵他們以堅定的信念護持心道法師的斷食閉關。

可是，眞的非斷食不可嗎？

斷食不是必然的修道途徑，也不是常人所能承受，若無足夠的助道條件和閉關環境，更猶如天方夜譚。不過對一路苦修而來的心道法師而言，它卻是水到渠成的一個選

比起平地，普陀巖的基本生活條件相對艱難。

擇。塚間修時期是籠罩在外在的死亡氛圍當中，斷食則讓心道法師的肉身更逼近死亡的臨界狀態，去了悟不生不滅的心性。況且，既有前人嘔心瀝血留下修法的足跡，心道法師決心要投注生命去經歷一切佛法的甚深境界。心道法師認爲惑如細菌，極難發現，事實上，斷食有助於禪修，將心念更細膩化，沉靜下來，透過禪定達到綿密的觀照力。菩薩爲成佛道，歷百千萬劫，爲探究竟義，斷食，只是方便遂行的手段。斷食讓身體處在生死的臨界，新陳代謝大幅降低，人命只在呼吸之間，此時禪定靜慮更形清明，可以激發內在的直覺能量。爲了長時間維持更深的禪定，必須把身體的排泄量降到最低程度，連水分的攝取也要嚴格控制，以免被排泄行爲破壞深層的禪定狀態。

一轉眼，就到了酷暑七月天。這時心道法師的斷食已經超過半年。由於山上沒有自來水，唯一的一道山泉水從石壁罅隙中沁出，僅夠幾人飲用，其他日常用水都必須親自一桶一桶自山腳打水扛上來。心道法師非常堅持一定要親自撐著瘦弱的身體，跟大夥兒一起到山腳扛水，甚至是搬石頭，踩著滿是泥濘的泥巴路上山。道明師記得有一次，心道法師因爲搬東西跌倒，骨瘦如柴的他險些喪命。道明師擔心法師就這樣捨報了，數度哭求師父放棄斷食，心道法師沒有回應，奄奄一息躺著沒動靜，休息了好一陣子，才見恢復。

持續斷食之後，愈來愈瘦的心道法師連肉都消失了，只剩下一層皮，鬆垮垮的一層皮膜，可以拉起幾吋。失去肌肉包覆支撐後的肢體與關節，在走路時骨頭壓到筋，會痛；坐下來，屁股骨直接壓著筋脈神經，一樣痛苦難耐。不管怎麼動，都痛。最後的因應之道是：坐不住便躺，躺痛了起來走一走，走到痛時又坐。有一段時間，根本無法維持坐姿，只能忍痛躺臥，幾與臨終的掙扎無異。在驚心動魄的痛苦中，覺性的明度更顯朗朗，三個月過後身心方才逐漸輕安，這樣苦行的結果，讓心道法師體悟到痛苦的意義何在。

道明師不忍且恐慌，這樣下去，後果堪憂。可是心道法師靜靜地躺著，不動，斷食之心極爲果決。長期斷食者若無具足三心——不退轉的心、死心、無攀緣的心——恐怕很難成事。道明師只能旁觀，默默守護，忐忑不安地祈禱佛菩薩的加持庇祐。

時間一天一天過去，道明師觀察到心道法師雖然身體虛弱，但卻精神奕奕，身心輕安很多，好像恢復正常狀態，行住坐臥也無大礙了。到後來，心道法師甚至比正常飲食的人還安然自在，行動自如，內心明覺洞澈，飲食已經非必要了。這種超出一般醫學所能理解的體能狀態，該如何解釋，目前還無定論。自古以來，這種修行事蹟在佛教史上卻屢見不鮮，達摩即是最好的例子。

心道法師這時持續用「默照」與「寂靜」的禪修法，悟得心與萬物的不二，無我的理念遍布到一切因緣上，「我空，法不空？」的大石頭已卸下，心道法師形容那種感覺是「插上宇宙的能源，將般若智與空性結合的圓滿究竟」。這時，悟性師到山上來，陪著道明師守護心道法師斷食，兩人回憶那一晚的事，都覺得不可思議。原本黝黑闃寂的普陀巖山洞中，忽然發光，同時一聲巨響如撞洪鐘，在石洞打坐的法師悠悠而起。這一聲當初以爲是幻聽的巨響，竟如棒喝，自此思惟突然通達了很多，或許是體內能量跟宇宙能量相互撞擊的結果。當時洞外守護的兩個弟子驚訝得說不出話來。拱南宮的詹姓廟公也聞聲前來一探究竟，臨走前還說：「師父啊，這座山的地理給你得去了！」

然而普陀巖是地方廟，常有道教乩童在此扶乩，心道法師只待了將近三個多月，遂不得不另覓他處修行。離譜的是，還有一些地方人士以心道法師為噱頭，在三重發動遊覽車上山來觀光，說什麼要看一個留鬍鬚、不必吃飯的和尚。一時間，常常一車車的遊客上來，子時拜拜、喝仙水，然後看奇人，後來連附近福隆海水浴場戲水的遊客也聞風而至，原本人跡罕至的普陀巖差點就要變成觀光勝地。心道法師始終覺得此山是因緣聚會之地，然而卻逢斷食期間，為了避開俗世的喧囂，心道法師只好再設法往後山的荒林，另覓遁隱之地。

從外雙溪到龍潭再到福隆，心道至此已經第七次遷移關房，就如唐代禪詩中所云：「一池荷葉衣無盡，數樹松花食有餘；剛被世人知住處，又移茅舍入深居。」可見內修的嚴厲是一次催緊一次，一次比一次絕俗。

道明師回到寂光寺跪在大堂的佛前祈求，希望為師父找一個更理想的修道打坐之地。後來果然靈光一現，心想此山多巖層巨石，或許另有容身處，依著山勢找，終於尋得一個背山面海的岩洞，初步估計，應該可作閉關之用。

懸崖之下，別有洞天

道明師爲心道法師找到的閉關山洞，只不過是山岩間壁的縫隙，而且幾米不到，算是一處很淺的凹穴，乍看之下這個活穴比較像一面懸崖峭壁，其地勢十分險峻，必須從上面的鷲首石爬下去，像猴子一樣抓住崖壁上的樹根和野草，才能抵達洞口。這些爬上爬下的高難度動作，難不倒自小習慣野外求生的心道法師，倒正好趁機活絡活絡長期打坐的筋骨。法華洞的探勘，不禁讓人聯想起花果山上的水濂洞，同樣要有冒險探勘的勇氣，才能從此洞開啓一則通往西天取經的傳奇。

美猴王當年縱身一躍，穿過飛瀑，赫見飛瀑之下別有洞天；心道法師帶著道明師也像猴子一樣，攀爬到未名的石壁亂叢間，那是在雜草和土石虛覆的天然空間。於是這一群手無縛雞之力的師徒聯手整理土石，東敲西挖，眞以爲光憑師徒幾人就可以闢出一間石中關房。但這個勞作實在粗重，沒幾天便吃不消，悟性師不得不跑到北投請來打石的師傅，順著巨岩走勢，整理出一坪大小，不及人高的洞穴，洞口由上往下，設幾級石階來緩衝。經此一番整理，才能打造出一處巧奪天工的閉關所在，命名爲「法華洞」。

一九八三年九月二十一日，距今三十年前的中秋佳節，心道法師遷入法華洞閉關，靈鷲山正式開山。

——心道法師遷入法華洞閉關。

開山之初，尚未有靈鷲山之名，誰也不能預測這座山頭將來會有多大的規模。當時的福隆是個不毛之地，民貧地瘠，除了到海上捕魚，陸上就只能種一些番薯來維生，所以鷹仔山一帶盡是番薯寮。老農民憑記憶指出，在法華洞上方原有一個眞正的洞穴，裡面住了好多猴子，牠們利用樹根樹幹和番薯籐攀爬出來，成群結黨地偷吃番薯，結果惹毛了農民，他們把所有的攀籐砍掉，再堵死洞口，據說猴子便絕跡了，這是心道法師前來閉關前此地就流傳的說法。

法華洞是一道嚴厲的禪修關卡。地處風穴，濕氣很重，一般人住不下去，然而對心道法師的求道反而是最佳的天然環境。手臂上那兩行「悟性報觀音」和「吾不成佛誓不休」的刺青標誌著他的決心。他每天在石床上靜心打坐，弟子們也在外面禪修。山上風大，再怎麼活動都不易流汗，即使流了，一陣風來便徹底烘乾了。

法性師記得法華洞剛整理完畢時，山下一片荒野，有一次，師父兀自蹲在山邊面海微笑，還說：「這個地方，未來會度很多有緣的人。」「師父，那我們的緣在哪裡?」「在海裡面，將來海外的緣會非常多。」這下子，法性師可眞的被心道法師弄糊塗了。她無法相信師父這番話的靈感，只差點沒當成傻話來看待。

在法華洞閉關期間，令護關的道明師印象最深刻的是一種香氣。每回她在幫斷食的師父清洗衣服時，總是聞到師父的衣服有一股清淡的香氣，感覺很像檀香，但奇怪的是兩年閉關期間，師父並沒有洗浴，而且久久才換一次衣服，馨香卻久久不散，有時道明師問師父要不要換衣服，師父都說還不髒，不用。道明師堅信，這是虔持〈大悲咒〉與禪修的功德效應，所謂的「戒定眞香」，《華嚴經．淨行品》有云：「洗滌形穢，當願眾生，清淨調柔，畢竟無垢。」心道法師日夜觀心自照，遂現本來面目，方得不垢之身，且有香氣漫漶的瑞象。道明師至今都津津樂道、見證這個修行而來的功德。

山風海雨交接處的道場

不管心道法師所預告的緣會不會從海底或海外「生」出來，弟子們爲了護關必須搭建一座遮風避雨的小殿，可是大夥兒都是窮光蛋，只能用最低的成本和最原始的建材蓋一間陽春的「祖師殿」。

靈鷲山第一筆捐款是由一位來山掛單的出家道友

—山上臨時搭建的茅屋佛堂。

超凡師所捐，這筆五萬元的功德成就了祖師殿。因爲只有五萬元，每一分錢都必須物超所値，所以此殿的一切建設石材都就地取材，不用紅磚，改以堆砌石塊而成，連一根鋼筋也沒有，是一個道道地地，依山而建的天然石屋。後來超凡師遠赴美國常住，心道法師還把當時唯一積蓄的八萬元全數供養給他。

此後，這種以自然石材爲主的建築成了靈鷲山的風格，完全沒有刻意的雕樑畫柱，也沒有一般人熟悉的傳統民間寺院的四合院格局或宮廷式建築。這棟「山上第一」的祖師殿在一九八四年初落成。

這期間心道法師繼續在法華洞裡閉關修行，眾弟子在祖師殿裡護關，除了參究佛法和打坐禪修，他們還得爲生活用水和三餐傷腦筋。到了晚上比較熱鬧，除了蛇，還有各種昆蟲會在身邊爬來爬去，整個人好像處在大自然的生態圈裡，隨時成爲食物鏈的一環。不過，最可怕的是無處不在的濕氣，往往一覺醒來，睡過的地方積了薄薄一灘水，很嚇人。若非眞的有一顆不退的道心，根本住不下去。

靈鷲山的創建是心道法師生命歷程中，從內修到外弘的一個最重要分水嶺。當初的斷食原本只發願一年，期滿後，禪悅爲食，身體輕安，覺性本明益發堅固，遂再延續一年，直到一九八五年，爲赴尼泊爾、印度朝聖才出關復食。從此心道法師就一路展開弘法利生之途。

兩年的斷食，從幻有看到心性，從因緣看到無增減，清明的體性，圓照清淨的本心，從此性空緣起中，正式開展出無緣大慈、同體大悲的氣魄，緊密相應著彌勒菩薩的大願力：「久念眾生苦，欲拔無由脫，今者證菩提，豁然無所礙」。

出關後的心道法師有著源源不絕的精神能量，他的慈悲源於自性般若顯發的妙用，山風颳瘦了他的僧袍，颳起一幅更恢宏的藍圖，一座依山面海的道場遂在心中悄然成形，亦在此處發起度眾之心。

在台北和宜蘭之間，的確需要一個道場來銜接兩地，靈鷲山擁有極佳的修道環境，大自然靈毓之氣，對日後僧眾信徒的教育必然很有幫助。於是，他們決定在「麒麟巖」之前蓋一間大殿。「麒麟巖」是當地居民取的名字，顧名思義，山石壁崖，形似麒麟。當地人對心道法師會落腳此處，並不意外，因爲此處曾是許多道廟相中的風水聖地，無奈各方建廟計畫都因故而夭折。心道法師正爲籌錢整地發愁時，道明師一聽此事，立刻毫不遲疑捐出自己僅存的四十萬積蓄來幫忙。蓋大殿的

他們決定在「麒麟巖」之前就地取材，蓋一間大殿。

其他所需，還有當時的日用，就由其他護法各自認領，一一分擔。

麒麟巖後方懸崖上有兩顆貌似屏風的巨岩，看來隨時會因爲地震或土石鬆動而掉下來，十分危險。大家正爲這兩塊頑石苦惱之際，有一天它們突然「砰」地一聲墜落，不偏不倚，就落在大殿預定地的巖臺中央，大夥兒正好將之切割成石材來蓋大殿。巖臺中央原本就有另一塊連脈的巨石，心道法師小心地將它保存在殿前，以巨石爲界，大殿就蓋在石頭後面，緊依麒麟巖崖壁。

這座海拔三百八十四公尺，沒有車行道路的荒山，即使蓋一座全台灣最小的大殿，也是十分吃力的事。當時靈鷲山的道路不通，大部分建材必須靠人力挑上山，

麒麟巖臺的中央原本就有另一塊連脈的巨石，被保存在大殿前方。

光是想像那份辛勞便足以讓人卻步，而且每擔水泥和紅磚都得加上驚人的運輸成本，眾人實際募得的善款相當有限，大殿工程所面對的挑戰是超乎想像的艱辛。心道法師的意志十分堅定，心意既決，斷無退轉餘地，他深信此地將會是十方信眾心靈依止之處。

窮則變，福隆的人文地理條件給了他很大的靈感，當地村落的老房子大多屬於石屋結構的建築，堅固耐用，成本也較低。心道法師原來就喜歡天然質樸的石頭建築，於是他去請教了幾位擁有多年蓋石屋經驗的土水師傅，他們也一致認為石屋結構比較適合山上的環境，一則可以就地取材，較省材料錢；再則完全依照大自然的地質結構建造，先找出石榫，再鋪設基地，接著才用石塊和混凝土砌成牆壁。這種蓋在磐石上其貌不揚的房子，宛如山的一部分，為免破壞生態，所以建築物的規模受到很大的限制，但如此一來，可以打造出跟大自然環境融為一體的建築，也很能夠體現靈鷲山的自在風格。

「慈悲與禪」是靈鷲山的宗風特色，常住外顯的部分都給人一股簡單、樸實、自然、和諧感，這樣才好修行，心道法師要求弟子嚴謹，生活上要刻苦耐勞、克服欲望，他認為豪華的地方難生道心，所以道場的建設理念及風格亦本於此。

一九八四年農曆六月十九日，凡事講求簡樸的心道法師，終於蓋好台灣佛教界最小，卻又最天然的大殿。不到五十坪的大殿供奉著台灣第一尊左臥佛，那完全是巨石的緣故。心道法師認為就大殿的結構與地勢來看，若供奉右臥佛，佛像的視線會被門前的巨石擋住，如果改成左臥則海天無際。佛既然可以右臥，何嘗不可以左臥？世人供奉的涅槃佛一般爲右臥姿，經典中記載佛陀入涅槃時呈右臥姿，但也曾經以左臥姿預示涅槃，法師遂隨機逗教，打造出極富禪意的左臥佛。經由此事，可以看出心道法師不拘成規的性情與智慧。幾年後心道法師發現在雲南也有一尊左臥佛，回緬甸朝聖時又看到另一尊。他一次比一次笑得開心。

心道法師邀請十八羅漢洞的修學法師、首愚法師等多位有德法師爲大殿開光。那天來了六百位信眾，他們強烈感到出關清臞的心道法師即將投入的弘法熱誠，同時對崇尚簡樸、自然的禪宗精神十分肯定。開光第一天所有的供養金清點起來，剛剛好足夠讓心道法師把建寺所積欠的工資一一還清，管帳的法性師終於紓解了焦頭爛額的欠款壓力。從啓建道場以來，法性師要煩惱的還有建築法規的問題，當時靈鷲山大殿的建

不到五十坪的大殿供奉著台灣第一尊左臥佛。

地尚未合法化，不但遭到觀光局的連續開罰，剛竣工的大殿更面臨被拆除的危機。眼見辛苦蓋好的一切將化爲烏有，她忍不住對心道法師說出心中的憂慮，當時正在大殿前引領幾位弟子繞佛的心道法師，停了下來，回頭對法性師說：「我們都不擔心身體這個違章建築什麼時候會被拆掉，又何必擔心大殿呢，何況它又還沒被拆。眾生如果有那個福報在這裡聽聞佛法，它就會傳承下去。」

果然眾生與禪宗道場的緣，是不會被任何事物所阻撓的。

道場座落於山風海雨交接之處，依山而建，砌石成殿，渾然天成的建築風格十分吻合心道法師的願景。他始終認爲建材之貴賤尚在其次，最重要的是每一座建築都能夠與大自然和諧地對話。看在弟子眼裡，師父非常了解怎麼樣的房子會呼吸，而且不會住膩，即使連廁所這種小地方，他都很在乎使用者的感受。「不繫一法，融會貫通」，是心道法師授予弟子的重要觀念之一。

無生道場的命名與宏願

本來心道法師把這間座落於靈鷲山上的道場稱作「不動寺」，後來大弟子法性師提議，更名爲「無生道場」。無生就是佛教徒追求的涅槃境界，也就是本來面目的意思，心道法師從外雙溪到宜蘭，再到靈鷲山，體驗最深的就是「無生之生」。雖然當年還沒有人能夠預見到，未來靈鷲山會有海內外數十處地方講堂和禪修中心，壇城兩側都一律掛上這幅「了了有何不了；生生還是無生」的對聯，這是心道法師參用自大陸叢林常見於禪堂的一副對子——「見了便做，做了便放下，了了有何不了；慧生於覺，覺在於自在，生生還是無生」，倒是一直貫徹始終。

常常佇立在靈鷲山巔，背手望海的心道法師，看到的並非一片汪洋，而是此時足下方寸如何使眾生脫離輪迴的業海，套句心道法師常用的話：「高高山頂立，深深海底行。」此山靈氣十足，山風海雨把塵世間的煩惱洗滌乾淨，所以他深信這座「無生道場」將成爲弟子們修行的好所在，「靈鷲山」未來將成爲弘揚大乘佛法的聖山。

命名的背後，總是寄託著命名者的期許和宏願。

在佛陀的時代，位於中印度的摩竭陀國首都王舍城之東北側，有一脈向東綿延之山峽，北端聳立一座秀峰，它的南面中腹大約二二四公尺處有一片巖台，這就是佛陀宣說《法華經》、《大品般若經》、《金光明經》、《無量壽經》等偉大經典的「耆闍崛山」（梵名 Gṛdhrakūṭa，巴利名 Gijjha-kūṭa）。當時摩竭陀國王爲了方便聽法，遂大興土木編石爲階，建造一條跨谷凌巖的三公里步道，直達佛陀說法之巖臺。部分遺蹟現在還保存著，包括昔年提婆達多投石擊佛、阿難遭受魔王擾亂、佛陀對迦葉尊者拈花微笑的地方，以及佛陀與舍利弗等諸聲聞入定的石室。這裡是佛陀悟道之後，弘法四十九年間最常駐留之處。

在梵文裡，「耆闍」即是鷲鷹，「崛」則是鳥頭的意思，此山之名直譯成中文就是「鷲頭山」，亦可意譯成「靈山」。《大智度論》中有如此的記載：「耆闍名鷲，崛名頭。問曰：何以名鷲頭山？答曰：是山頂似鷲，王舍城人見其似鷲故，共傳言鷲頭山，因之名爲鷲頭山。復次王舍城，王舍城南尸陀林中，多諸死人，諸鷲常來噉之，還至山頭，時人便名鷲頭山。」看來此山得名鷲頭，一來是山形與鷲首相似，其次是那群往返尸陀林（亂葬崗）和山頂間的鷲鷹之故。

靈鷲山上的鷲首石。

這座形似鷲首的靈山，環境清幽，又有福德，不但是過去佛、未來佛、現在諸佛的住處，也是十方諸菩薩稱讚和敬愛的寶地，常有諸天、龍、夜叉、阿修羅、迦留羅、乾闥婆、緊那羅、摩睺羅伽等大力諸神護法在此守護供養。《富樓那彌多羅尼子經》記載，佛陀曾經跟富樓那說：如果三千大千世界完全燒毀後又再生，他會常來此山駐留。經中有此一偈：「是耆闍崛山，諸佛所住處，聖人所止息，覆蔭一切故，眾苦待解脫，唯有眞法存」。可見這是一片不可多得的佛國淨土。由於佛陀曾在此處傳授禪宗心法，所以古印度的靈鷲山可說是弘傳大乘佛法的一個重要據點。

心道法師把海拔近四百公尺的「鷹仔山」重新命名爲「靈鷲山」，實因地名、地理、地勢都與印度古老的靈鷲山有異曲同工之妙。它跟印度靈鷲山一樣位於國土的東北方，除了天然環境上的契合，更蘊藏著心道法師的一份期許：印度靈鷲山乃大乘佛法緣起之處，台灣靈鷲山將來也會成爲弘傳大乘佛法的現代聖山。如今這片得天獨厚的山林，不但是諸多大修行者的匯集之處，例如小乘羅漢、悉阿埵，大乘禪師、三藏法師、密乘各教派的仁波切和喇嘛，乃至於各大宗教的領袖，都紛紛踏上這座道場的石階。但那是幾年後的事了，眼前只有一片荒山野地，一切，從零開始。

一切當從如何利益眾生開始。如何透過一座倚山面海的簡樸道場吸引眾生來修行，如何教育他們、幫助他們、引導他們、成就他們，再把佛法弘傳出去，都不是一件簡單的事，對於多年苦修內求的心道法師，眞正的苦行才正要開始。

心道法師知道世人無法了解他的修道，也無法像他一樣苦心孤詣地求道。尤其無比艱苦的頭陀行、斷食或塚間修，對現代人而言，簡直是天方夜譚，甚至莫名其妙，即使是一般的出家人也未必能接受。在心道法師修習禪定內證功夫之後，漸漸產生一種體會，體會到更大的境界，很自然地擴大了自己的心靈空間。理論上，這種由內證向外擴展落實在一切的因緣，直證到內外一如、體用合一、解行並重的圓修境界，就是菩薩的願力。心道法師將著重於一己苦修的「頭陀行」，轉變成以度盡蒼生爲菩提心的「菩薩道」，他修持多年的觀音法門即是一個聞聲救苦的慈悲心，慈是予樂，悲是拔苦。苦的來源是無知，眾生因無知而陷於苦海之中，所以修行人要憐憫他們，要牽引他們學習佛法，開啓智慧。

心道法師圓滿出關之後，便希望用自己證道的成果，去弘法、傳道。當然他也明白：唯有將閉關的悟境與生活結合，將棒下開悟、燈燈相傳的「祖師禪」，才能轉化成一種可以適合大眾在生活中貫徹的「生活禪」，導引他們如何在日常生活中，以平常心去降伏自己。如何在一切緣上，以般若智慧，觀看自己習氣的不眞實，照見「因緣空」

的道理，而解脫每一個心念，令無所攀著。

草創時期的靈鷲山信眾不多，法師們除了研擬道場的建設工作，以及隨師父下山開示、弘法，大部分是嚮往著閒雲野鶴的修道生活。他們理解中的修行不外乎成天禪修、持咒、禮佛、讀經、向師父對機問道，偶爾還能在大殿外看看雲海，靜待日升月落，三不五時才對來往參訪的信眾應答解惑，生活井然有序。

經過多年的實修實證一路走過來的心道法師，從未放鬆過對弟子的要求。他要讓弟子直接面對當下因緣去磨練，後來幾年更是一波加緊一波的訓練，他十分重視以靜坐觀心為根本訓練，再對應社會應緣度眾，以寂靜修法門作為道場弟子的宗門功夫。心道法師的寂靜修來自塚間苦修時期的融會與體驗，也是從默照禪轉化而來。默照禪乃宋代曹洞宗正覺大師的禪修法門，他認為：心是諸佛的本覺，更是眾生的妙明，只因積習昏翳而與諸佛隔絕，唯有透過靜坐默究，斷除一切妄念與幻習，才能顯示出本有的清明之體。當年仁海法師傳他默照禪法本，一路修來，歷經破廟、骨塔、塚間、廢墟、山洞等地，累積十數年的頭陀行、不倒單、斷食苦修實證，心道法師對此法門體會至深，所以他非常重視弟子們在基本靜坐禪修的時間與用功。每年維持的內眾四季閉關，就是他的堅持。

此外，心道法師常以一對一的教育方式，隨機逗教，傳授觀心和觀照法門，使弟子們深入心性，對現象界一目了然。

有一天，一弟子突然問起一個很敏感，但非解不可的問題：「爲什麼要有佛像？」師父眼睛一亮，反問他：「我們如果沒有身體會怎樣？」

「那就沒有『我』了。」

「對，」師父指著身體說：「這只是一個代表而已，這個身體表達我們要做的事、要說的話，但它不代表靈性，只是一個工具。就好像車子，作爲我們代步的工具。『表相』這東西也是一樣的。」

「但祂時靈，時又不靈……」弟子看著大殿裡的左臥佛，還是有惑。

師父拍拍弟子的肩膀：「拜久拜誠了就會靈，任何東西都是這樣的，萬法存乎一心。」

這是一個非常重要的問題。至誠心最重要，不是對象問題。心道法師給了一個最好的答案，給弟子，也給將來產生同樣困惑的信眾們。在各地護法會成立之後，信眾漸漸多了，法師們的事務也日益繁重起來。心道法師對收徒一事十分重視審愼，在他看來，出家絕不是一件率性的事，是決心與正念的問題，一定要因緣具足，並非哪天突然想放下俗世間的一切，便能出家。正念有了，出家修行才不會三心兩意，正念之外還要決心，才會走得長遠。

曾經有一位女弟子來到心道法師跟前，用沉重、乏力的心情向師父訴說她的家庭和婚姻問題，並請示解脫的方法。師父只是簡單給她兩個字：「放下」。放下？該放下困擾多年的情感，還是紛擾不安的家庭？她把自己關在家裡反覆思量師父的開示，越想越覺得肩負的擔子太重，越重越想卸除。無夫無子，無家無累，該是最美好的人生境況吧！她想。遂決定放下塵世間的全部煩惱，去出家。她以爲師父一定很開心，三言兩語就度化了一個弟子。

第二天，她一大早就上山去拜見心道法師，可是直到夕陽西下，都沒有機會見到師父。一陣陣濃霧把眼前的景象糊去，再廓清，心道法師終於出現在大殿門口。她很興奮地跪下：「師父，我想通了，我要出家！」

心道法師搖搖頭，沒有說話。

「師父，您不是要我放下嗎？」她很困頓地說：「我終於想通了，我要放下一切俗事出家求法。」心道法師還是沒說話，隨即轉身離去，才走沒幾步，有意無意地讓隨身的錦囊鬆脫掉落在地上：「撿起來。」女弟子遂撿起那個沾上塵土的錦囊，恭敬地交還師父。

「妳明白了嗎？」

「師父是要我重新撿起我的婚姻和家庭？」

心道法師點點頭，卻令她更加不解。

「以前師父不是教我放下煩惱嗎？現在爲什麼又要我再撿起來？」

「我是要妳放下該放下的，然後再撿起妳還能撿起的。其實，家庭和婚姻並不等於煩惱，就像這個錦囊，雖然沾了塵土，難道我就要丟棄它嗎？」心道法師拍去塵土，小心翼翼地放進僧袍的暗袋裡。錦囊還是原來那個美好的錦囊。從她豁然開朗的眼神，他知道她會撿起一度想拋棄的。

後來又有一位大三的女學生，興致勃勃地跑到靈鷲山上來出家。

一直以來，她都十分羨慕小說裡「一盞青燈伴古佛」出家的清淨生涯，希望把更多的時間用來讀佛經，不必再去煩戀愛和結婚的俗事。師父笑笑，沒有多說什麼。結果跟她一起學佛的室友，兀自到別處出家去了，可是沒多久便又還俗。但眼前的一切都無法抑制她滿腦子出家的妄念，身爲插班生的她甚至不顧功課的進度，常常翹課跑到山上去。

最後她終於忍不住跟心道法師說：「師父，我等不及要出家了，反正文憑已經不重要。」心道法師閤上雙眼，想了想，再勸她：「妳現在當學生，有一個學習的因緣，應該要好好把握。如果妳能安住當下的緣，就能安住整個出家及修道的緣。」她總算把這番話聽了進去，淨除雜念，專心讀書，直到一九八九年夏天正式畢業後，心道法師才替她剃度，取了一個叫「淨念」的法號。

臨濟宗風，大機大用

心道法師所承的大乘宗風法脈，不但由仁海法師密付的默照禪觀，透由十年餘的實修而貫串爲寂靜修法要，同時也依止臨濟教下剃度，所以在內眾弟子的經驗裡，師父的教育方式很有古代禪師的棒喝機鋒。除了研經講法，更多的是生活細節裡點點滴滴的當機教育，那是一種對年輕的出家僧眾，深具考驗和磨練作用的生活禪。

當年臨濟宗大師義玄等人接引弟子的方法，都是單刀直入，而且機鋒峻烈，或以驚世駭俗的手段（譬如棒喝），或在答問之間以警句來讓弟子省悟。故其宗風被歸納爲「大機大用，脫羅籠，出窠臼，虎驟龍奔，星馳電激」。這種「大機大用」的臨濟宗風，非常具體地顯現在心道法師身上，他常常針對弟子們的習氣，在生活裡過招。

有一次，有位法師在打掃大殿前的廣場，看見師父怒不可遏地在訓斥弟子，連事不關己的他都有點驚心動魄。豈料師父轉過臉來，竟用頑童式的口吻對他說：「隨便表演一下。」他登時愣在那裡，想了好久，終於明白。雖然心道法師發起脾氣來十足火山爆發，但仔細觀察他的眼神卻是柔和的，沒有絲毫的瞋恨，他最大的目的是要把某些事理上：在內衆弟子的經驗裡，師父的教育方式很有古代禪師的棒喝機鋒。
下：除了研經講法，更多的是生活細節裡點點滴滴的當機教育。

或法則，深深烙印在弟子心中。

一九八六年出家的恆傳師，回憶起當初未出家之前，第一次看到心道法師的時候，他正光著腳丫坐在小板凳上看報紙。那時心道法師剛剛圓滿出關，臉頰和身體都很瘦，神情卻十分自在。當晚，心道法師把一伙年輕人全部聚到小殿前面，一起泡茶，吃花生。在他人的慫恿下，她隨口問了一句：「師父，為什麼我喜歡幫助別人，卻常常吃力不討好？」

心道法師反問她：「一個不會游泳的人，偏偏還想救人，結果會怎樣？」

「當然是兩個人一起溺死囉。……可是，該怎麼做才能同時保住兩個人的性命呢？」

「這要有智慧。」

這麼簡明的五個字如同當頭棒喝，她登時覺得自己就像垂危的溺水者，突然發現眼前有一個偌大的救生圈。抓到救生圈還不夠，她很想知道到底怎樣才能學到智慧。「妳就跟著學啊！」心道法師這句話，像月光映滿山川，照亮一顆渴望求道的年輕心房。此後她每個月上山一次，沒多久便出家了。

恆傳師剛開始修行的時候，心太急，不但每天誦上一百零八遍〈大悲咒〉，還猛拜佛、勤讀經，以為如此便能開悟。受戒回來，她無意中說了一句：「我好想去閉關……」結果引來師父的雷霆罵聲，綿綿不絕，聲色俱厲，從大殿的外面追罵到裡面，比捅了個蜂巢更慘。滿頭包的恆傳師心裡老大不服氣，又不是犯了什麼滔天大罪，幹嘛這麼兇！從小到大連父母親都沒有這樣罵過她，師父到底哪根筋不對。此刻她唯一能做的，是拚命用心裡和口中的〈大悲咒〉來塞耳消音。

可惜沒用，她和師父一前一後繞著大殿的左臥佛，雙方僵持了三、四個小時。相信她已經深深體認到：師父果眞是一隻毅力十足的虎頭蜂。

隔天，心道法師問她：「還好嗎？」「還好……」「妳如果還顧著面子和自尊，就不要跟我學。」師父拋下這兩句話，轉身就走了。當下，所有的懊惱隨即消散無蹤。原來師父要教育弟子時，總選在人特多的時候開罵，無非是要讓弟子磨掉自尊，體會無我相的深意。如果煩惱還殘留在臉上，師父會持續罵到弟子放下爲止。

心道法師要弟子發菩提心來修行，不要一出家就鑽進佛典裡苦修冥想，急著要成就自己，而忘掉等著他們去度化的眾生，慈悲與禪，同爲靈鷲山的兩大宗風。心道法師認爲沒有福報資糧，想單打獨鬥去閉關苦修，只是空思夢想，浪費時間，甚至造業而已。福報怎麼來？慈悲喜捨而來！那爲什麼不當下實質地面對眾生，面對世界呢？當年他一意走上這條苦行路，飽嘗各種艱險，其中滋味，除非過來人否則難以言喻，而這條路畢竟是太極端，因緣條件的和合也委實太困難，不是普遍教育之道。出家本來就不是一件容易的事，心道法師希望爲弟子或社會大眾鋪設一條更有效益的修行道路。他常常訓示弟子：「你必須甘心當人家的出氣筒，在空性的焚化爐中要懂得消化，那麼再多的垃圾也無所謂。」

廣純師就是一座千錘百鍊的焚化爐。

廣純師出家擔任專職侍者之後，師父平常的笑言和稱許完全不見了，換上一張嚴厲的臉。有一次心道法師莫名其妙地在眾目睽睽之下罵她：「妳是豬啊！眼睛長在哪裡？沒看見我正在做什麼嗎？」廣純師當場紅透了耳根，眞希望可以躲到洞裡去。壓制著內心悲憤的情緒，她痛苦了好幾天。

可是難過的日子還在後頭，師父常常給她臉色看，挨罵的時間和次數與日俱增，甚至到了動輒得咎的地步，說好也不是，不好也不是。廣純師心中苦不堪言，充滿挫折感，甚至覺得對自己的上師已經完全沒有師徒之情。師父怒罵的臉龐和言辭，像巨大的烏雲層層籠罩。天愈來愈暗，風愈來愈寒，她強烈感覺到人與人之間情感的無常，時冷時熱，和藹可親與嚴厲無情好比錢幣的正反兩面，每次擲下去的結果都不可測。每次被罵都是痛苦難耐，覆蓋了原來溫馨的感覺。

幾年下來，廣純師慢慢學會調心了。有一次，心道法師告訴廣純師：「如果妳能接受我的教育，其他人再怎麼罵妳，妳也不會在意。」雖說他的教育看起來冷酷無情，卻直指修行者的本心。被罵慣的廣純師，已經懂得如何穿越責罵的表面言詞，直取上師腦海裡的教誨，完全不執著在嚴厲的語氣上。於是師父怒目的言詞，只像巨大的雲影掠過心裡的靈鷲山，山如如不動，天時暗時明，現象的無常即是如此，沒什麼好煩的。

心道法師有時候像個孩子，會做出豐富的表情逗人開心，讓所有人忘記腦子裡盤旋的種種複雜糾纏的思考，回到當下的生活態度，跟大夥兒一起坐下來，吃零嘴、聊聊天，再平常不過，完全看不到半點所謂高僧的架勢。有時他又換了個人似的，一教育起弟子來，動用戒板也不算什麼，重點是依弟子的根器施教，千變萬化，無一法可得。拿捏的竅門何在？他老人家內心可分明。

心道法師對於四眾弟子教育方式很有「分別」，對內眾法師嚴厲有加，不假辭色，對外眾信徒則春風徐徐、循循善誘，大部分信徒都不太相信心道法師會有生氣的時候，更不相信法師會有霹靂棒喝、打罵教育的情形，那簡直難以置信。

倒是有些常住近侍的居士護法，常常不忍心山上男眾比丘被心道法師「管得死死的」，又為比丘尼眾「忙得要死要活，還常被罵到七葷八素」抱不平，曾經問心道師父為何要對弟子這麼兇？萬一傷了他們的自尊心怎麼辦？心道法師這才語重心長說：「出家人是不講自尊的，相反的，更要破除這層我執才行。可是大部分弟子，一打就跑掉了，尤其是男眾，往往只能好言提醒。」心道法師不禁為現在能發大勇猛心，志誠求道者寡而感嘆，他說：「這只是一種教育，如果不是為了法的教育，我們不如坐下來喝茶聊天就好了，日子多愜意！我必須依據每個弟子的根器來教，不痛不癢的教育方式實在無法降伏有些人的習氣。」那些特別講求顏面和自尊的男眾弟子，常常很難熬過心道法師的當眾嚴厲，尤其到了要派任會執時，心道法師總是把比丘留住本山做些看似無關緊要的雜務與實作，反之應接外緣、接待賢達的執事常以比丘尼爲主，看在居士眼裡頗納悶。心道法師認爲在五光十色的現代資訊社會中，訓練比丘格外要小心名聞利養、五欲貪染，因爲佛制中比丘傳承任重，修行福報較大，一旦被信徒「奉侍久了」，貢高傲慢不容易修好行，尼眾則待人接物細膩，修行上則應多培福。

心道法師堅信沒有嚴謹僧伽的教育，就不會有下一代的傳承。

心道法師曾經針對「習氣」打了一個極生動的比譬：「習氣像鍋垢，天天洗，天天乾淨；天天不洗，想洗就難。」他認爲不好的個性放任久了，會慢慢養成很大的習氣。其實每個人都有自己的習氣，就像炒菜鍋的油垢一樣，一個禮拜不洗還能炒菜嗎？累積太多的習氣，到頭來會造成更大的業力，最後墮入三惡道的輪迴，所以必須常常「清洗」，把油垢除掉，才不會沾鍋。這個「去習除垢」想法，跟曹洞宗正覺大師以默照禪來消除內心「積習昏翳」的方法，一動一靜，卻有異曲同工之妙。

由此看來，心道法師並非眞的喜歡罵弟子，禪宗祖師爺們也不是整人的瘋癲，而是替眾生「洗鍋子」的老手。

在這套恩威並施、因材施教的教育方式底下，法號「大法」的大法師的受教方式算是溫馨的。大法師出家前比較內向，跟很多法師一樣孤僻慣了，不喜歡接觸群眾，甚至有點「怕人」。心道法師針對他的弱點，剛開始特意派他做大殿的香燈師，每天都要接引無數上山的信眾。不僅如此，還得讓他們感覺到靈鷲山的人情溫暖。可是他的身體一旦遇到四大不調時，便生懊惱，此時師父還會寬慰他說：「做多少，算多少吧。」

常有弟子因工作繁雜忍不住提問：「我們的道場是不是太過於偏重工作？」「不對，我們著重的是心與生活的觀照。」心道法師總是很耐心地訓示：出了家就要發菩提心，爲眾生付出，如果還守著私心，龍天護法是不會護持他的。況且學做事就是學做人，不管在生活、在工作、在任何的事物裡面，處處都是覺悟的契機，處處都有眞理，所以每一件工作都是修行。不過弟子仍舊會覺得好辛苦，學佛每天得做五堂功課，要上課受教育，自己還有日課，更要時時觀照念頭、改習氣，偏偏常住工作和活動又這麼多，眞讓人吃不消。師父聽了這番喊累的話，出人意表地慈祥，也不生氣，還常常笑嘻嘻地打趣說：「輪迴才眞是有夠累？人生哪有不累？吃飯睡覺也累！拉屎拉尿也累！生老病死更累！人生哪裡不累？還不如看清楚業力，好好積極去做好因果，與其輪迴的累，還不如勇猛向道精進不懈。」

善待衆生，凡事用心

心道法師的教誨十分見效，不僅信眾感覺到靈鷲山的人情溫暖，連山上的小動物也有同感。心道法師看待這些常住眾生之溫馨可親，常常令人嘆爲觀止，「待人也不過如此」！

靈鷲山上有三隻個性全然不同的狗兄弟。第一隻是流浪犬，從老遠跑上山，就這麼住下來。這一住就好幾年，因爲個性很酷，不理人，心道法師叫牠「樂樂」，還開示牠：「獨樂樂，不如眾樂樂。」樂樂壽終正寢後，來了一隻更酷的、深受大夥兒景仰的狗王「福田兄」。話說福田從來不吠不鬧，而且威嚴十足，定定地看管全山，山裡的小動物看到牠都得夾住尾巴趕緊溜走。福田每天緊跟著養育牠的大廚，有一天大廚出國省親個把月，福田不是日夜守著廚房門口，就是每天一大清早就老老實實地坐在「天眼門」的警衛處，朝山路的遠方眺望。心道法師爲解福田思念之情，特別請徒弟不時幫福田打越洋電話，讓牠可以聽聽「主人的聲音」。

另外一隻吃得全身毛髮油亮的大黑狗，是名副其實的「山頂黑狗兄」，自小被人棄養於此，在眾菩薩的關照之下，牠快活得很，所以被心道法師賜名爲「福報」。除了「福報」之外，山上有福報的還包括：兩隻被放生在此的公雞、在山門口被遊客撿來的

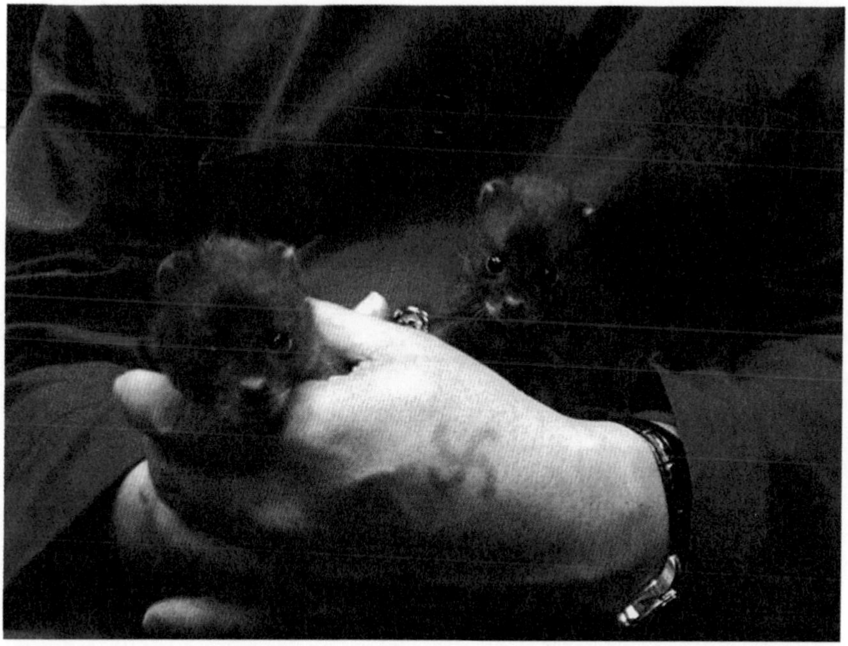

小松鼠「強強」，以及樹上不小心掉下的貓頭鷹寶寶。讓人特別有印象的還有兩隻剛出生的麝香貓寶寶，被野狗叼出窩巢來玩，所幸有眼尖的巡山法師發現了，立馬從狗爪下搶救回來。這些落難山林的小動物都被心道法師特別交代「專人保母」去妥善照料，屬於保育類的則經由報案聯絡，再送到農委會位於南投的野生動物保育中心去照顧，等牠們成長到足以獨自在野外求生時，保育中心會派專員送回原生地放

兩隻剛出生的麝香貓寶寶，被心道法師抱在懷裡。

生。這些「常住」的即時動態，全在心道法師的掌握中。

山上常住包括這許許多多野生動物與昆蟲們，牠們都是眾法師的「法眷屬」。法師們走在路上，一旦發現馬陸或蚯蚓誤闖人類的步道，都會用落葉把牠們護送到安全地方。這些昆蟲裡面，最有福報的是螞蟻。

螞蟻是大自然當中最不起眼的生態族群，尤其生活在這個人間淨土，一般人的心思與目光早已被海景和山嵐勾去，但心道法師卻沒有忘記視線以外的小生物，一有空，他就會拿一點餅乾和麵包，蹲在路邊或牆角餵螞蟻。十幾年餵下來，也只有心道法師自己才知道究竟有沒有造就一窩黑得發亮的「山頂黑蟻兄」。

有一位弟子發現師父這項奇特的舉止，覺得很有意思，便向心道法師領了這份差事。心道法師見他很有興致，便把餵螞蟻的大任交給他，兀自忙別的事去了。這位弟子邊餵邊玩，把螞蟻從牆角餵到走道上，突然背後傳來師父的大聲一吼：「不是這樣！」弟子愣住了，十分不解地回頭看了看師父，心想：難道螞蟻吃飯也要規規矩矩地端坐飯堂，不可以邊吃邊玩？

心道法師接過他手中的餅乾，剝得細細的，慢慢布出一條路線，耐心地將螞蟻引回牆角。這時心道法師才對那位看得莫名其妙的弟子說：「你把牠們引到路中間來，一不小心就會被人踩死。這樣餵牠，其實是在害牠。」「哎呀！我怎麼沒想到！」「不是沒想到，而是不夠用心和細心。如果你把牠們當人一樣看待，或當小孩子一樣看待，你還會把牠們放在路中間嗎？」當弟子還愣在原地對著螞蟻在參悟，心道法師用寬厚的手掌摸摸他的頭，留下一句「凡事多用心」，便走了。

臨濟宗傳統的教法故事中，不乏開悟之後的弟子，還要跟隨老師六年、十年、二十年……。因為即使開悟後，仍需體悟老師在生活中的行誼，如何般若行、無相行、無念行、無住行。然後反觀自己何處仍有障礙，仍有理事未圓融。這些經過心道法師「千錘百鍊」的出家弟子，在靈鷲山弘法大業的每個環節，扮演著重要的角色。

5

法脈傳承與弘化大願

1989~2013

臨濟法脈，以禪為體

佛光山法脈原來傳承自臨濟宗。出家於佛光山的心道法師在苗栗的法雲寺受大戒時，得戒兄傳授默照禪心法。仁海法師是香港道源長老的弟子，主修密，本身也有禪訣法脈，心道法師跟仁海法師的法緣也在一個契機上。記得當年仁海法師問心道法師請法是要修密？還是修禪？心道法師不假思索地選擇了「禪」，他總覺得自己一路走來跟禪比較相應，於是仁海法師就以默照禪的心要相授。默照禪是以靜坐觀心爲本的禪修。宋代曹洞宗正覺祖師認爲，心是諸佛的本覺妙明，只因積習昏翳而與諸佛相隔，如能靜坐默究，斷除所有的妄緣幻習，無需言語，便會顯出本有的清淨圓明的妙明之體。

心道法師後來的塚間實修便是依默照禪，而後體悟出寂靜修法門。

心道法師對西天第一代禪宗祖師摩訶迦葉的頭陀苦行頗有體悟，雖然他苦行實修的歷程，跟台灣大部分習禪的法師不同，但一路上用功下手處確屬於禪宗法門，直到出關弘法才廣納法源。

禪宗有兩脈，一是如來禪，一是祖師禪。如來禪是承襲釋迦以來直到東土初祖，從現象界漸修進去，譬如天台、華嚴宗即是。祖師禪則講「空」，破相到底，一路直探如來地，沒得討價還價的餘地。心道法師的塚間修從如來禪的因緣觀入手，漸入祖師禪的直指人心。故心道法師早期的教育方式，原是以祖師禪來教育弟子，因而有所謂的杖責和棒喝。然而弟子根基不同，並非人人可以承受領教而悟道，反倒可能生怨，再因怨而退道心。臨濟的凜烈宗風或許只適合於傳燈法脈之根器，如今弟子眾多，不再可能一一個別教育。心道法師認爲佛把珍貴的三乘佛法遺留給世人，每個人基於不同的因果、因緣、習氣，對禪對密、對大乘小乘的喜好各異，其實每一乘都可以度化眾生離苦得樂，遂以三乘合一的方式，鼓勵弟子們廣學多聞、隨機觸發，以般若攝萬法，融通度眾的心量。

這種「法法皆攝、法法無礙，而本質不立一法」的禪門宗風，於焉確立。

心道法師在實修體證中一直以禪爲主，屬大乘禪宗臨濟宗門，從佛光山剃度受戒而銜接臨濟法脈，傳承有偈云：「湛然法界，方廣嚴宏，彌滿本覺，了悟心宗；惟靈廓撤，體用周隆，聞思修學，止觀常融；傳持妙理，繼古賢公，信解行證，月朗天中」。此偈中的「心」字輩分排序中，可見他的禪宗法脈傳承。

二○○七年，心道法師更在深圳弘法寺，由方丈本煥老和尚（1907-2012）正式傳法嗣爲臨濟宗第四十五代傳人，法名常妙心道。本煥老和尚乃一代禪宗泰斗，畢其一生承擔苦難，默默在亂世中爲佛教扛大幢、擎天柱、弘化十方，一生努力護佑保衛著傳承火種，嘗刺指舌血寫下二十餘萬字血經以證心跡，目前只流傳《普賢行願品》，其餘經

二〇〇七年由本煥老和尚正式傳法嗣給心道法師，爲臨濟宗第四十五代傳人。

卷均在戰亂中佚失。身兼禪宗五宗法脈的虛雲老和尚（1840-1959）在一九四八年付囑臨濟宗法脈予本煥長老，爲臨濟正宗南華堂第四十四世傳人，翌年，四十二歲的本煥禪師接任六祖道場南華寺的方丈時，一百一十歲高齡的虛雲老和尚步行百里爲他送座，以示期許。

本煥老和尚與心道法師初見面，心道法師難掩孺情，長老則親切拉著話家常，第二度會面即趁著心道法師前來拜壽的因緣決定傳法，一則長老覺得心道法師是個有大菩提心的修行者，對弘揚佛法貢獻良多，再則果然也是宿世緣

深，今生水到渠成。本煥老和尚肯定很欣慰由心道法師來接法，笑說自己已經破百歲，而虛老也活到一百二十歲，所以心道法師一定要更長壽，本煥長老特別在隆重的傳法儀式當中勉勵他說：「要有虛雲老和尚才有我，要有我今天才有你，所以這要一代一代地繼續傳下去。」心道法師的臨濟宗法脈，至此獲得珍貴的傳承印可。

說到臨濟宗法脈，心道法師更是常掛念剃度恩師星雲大師。他總是人前人後、念茲在茲不忘本，只是因緣乖違，無緣回到佛光山拜謝師恩。二〇〇九年

二〇一一年心道法師回佛光山拜見星雲法師賀壽。

三月四日，六十一歲的心道法師爲報當年星雲大師剃度之恩，率領四眾幹部三十餘名弟子重返佛光山尋根之旅，佛光山住持心培和尚、都監院長慧傳法師、長老慈惠法師、慈容法師都前來相迎，場面感人，氣氛沉靜而熱切。心道法師在佛光山傳燈樓向剃度恩師——當時高齡八十二歲的星雲大師——行大禮，朗讀報恩文。心道法師自述，自一九七三年在佛光山星雲大師座下剃度出家，跟隨師父學習時間雖不長，但大師當時對他離群的獨修苦行給予很大的關注和支持，始終銘感於心。後來他一路獨修直至開創靈鷲山無生道場，始終不忘恩師典範，三十六年來在修行弘法上多少有些貢獻，願以此功德報答大師剃度之恩。如今因緣成熟，重歷舊地，除了與當年這些山裡的師兄弟敘舊，心道法師還巡禮了自己昔日的寮房臥鋪、教室座席，囑咐隨行都要知恩念恩報恩。

星雲大師一向豁達，看到這位告假外出卻逾期未歸，如今已開山立派、弘法利生的弟子，心裡也感到相當歡喜，他說：「我一路看心道師是個老實修行，爲人謙卑誠懇踏實、循規蹈矩、苦奮用功，我覺得他天生有修道的性格，就鼓勵他去禪修，這個佛法啊，本來就是一個和平包容。」星雲大師認爲佛教界不乏弘法、行政、教育的人才，能夠苦行實修的人才十分難得，値得敬重，所以他對於心道法師當年告假而出，始終沒有疑慮，心道法師獲信徒支持創建靈鷲山，這一切都是因緣安排。星雲大師也期勉心道法師：未來佛光山和靈鷲山要多多交流合作，將人間佛教普及大眾。

此趟尋根之旅、懷恩之行，堪稱當代佛教界的佳話。

禪定戒律，以南傳為基石

童年在緬甸耳濡目染的南傳佛教，則早已在他心中植下種子，乾媽謝鳳英信仰的一貫道，乃至於青少年涉獵的儒教或基督宗教，亦開拓了少年楊進生的宗教視野。這些異於禪宗的修行方法，讓心道法師在修習禪宗法門之餘，對不同的教派或教理產生莫大的興趣和包容。

一九九四年，心道法師經弟子王正義的介紹，認識了緬甸佛教的領袖烏郭達剌，他是緬甸軍政府的國師。二人在宗教交流時一見如故，烏郭達剌決定收心道法師爲徒，認許他的修行。二月，他去緬甸會晤國師烏郭達剌，並以大乘佛教的身分，參加三藏比丘授證大典。是年十月，心道法師本著「南傳、藏傳、漢傳都是佛陀的教法，都是成佛之道」的信念，前往緬甸受戒，行前將鬍鬚剃去，原本蓄了一大把黑鬍鬚的心道法師，看起來相當嚴肅，剃淨之後反而顯得較年輕，笑容也和藹多了。

這一步的邁出，象徵著實踐三乘合一的開始。

戒壇設在仰光的一間九層佛寺，由烏郭達剌國師親自爲心道法師一人主持受三壇大戒，另有四十五位大比丘僧（全緬甸大寺院的方丈），以及含宗教部副部長在內的三十幾位宗教界及政壇領袖前來壇場尊證。眾比丘僧於七佛戒壇，口誦巴利文，授阿羅漢戒，場面十分殊勝。國師授予心道法師「烏古達剌」（U Ku Tha Qla）的法名，意即「除障」。隨後國師引介他到各大禪修院和大成就者做參學與拜訪，其中包括全緬甸最受尊崇的大證果阿羅漢達馬樣。

受羅漢戒的日子，特別遵從國師囑咐，還要合過心道法師的生辰，正巧又是十月，當天黃昏到子時，寺院附近的天空一直閃電不止，持續一整天，卻無雷聲。一九四八年的十月十一日，楊小生就誕生在一個十分罕見的雷電交加的晚上，事隔四十六年，這個充滿宿慧的孩子竟然回到故鄉，由國師主持

一九九四年心道法師回緬甸接受阿羅漢戒的現場。

緬甸受戒後，心道法師自此改穿緬甸的赭紅色袈裟。

受戒大典，迎接他的又是滿天的閃電。心道法師感恩一路重要關卡都有龍天的加持。

此次緬甸受戒行，象徵著心道法師在佛法修持上得到南傳佛教界的肯定，尤其以緬甸這樣一個重視佛陀傳承的古老佛國，心道法師得到的不只是一份母土的認同，更是一份來自聖眾的印可，同時也為靈鷲山三乘傳承上屬於南傳原始佛教這一系，奠定了不可動搖的基石，對禪門實修道場而言，意義也非常重大。心道法師自此改穿緬甸的赭紅色袈裟，心道法師認為緬甸袈裟及其僧制，最接近佛陀在世的時期，以此提醒自己的出生及責任，也希望落實對佛國緬甸的反哺之心，他承諾要把世界帶回這個善良純樸的佛國，幫助這片土地。無形中亦應驗了當年李淑貞臨盆前的異象——鄰居目睹一位緬甸僧人走入楊家後消失——所隱含之深意。

一九九四年的緬甸傳承行，除了受戒還參訪了當時聞名於世的馬哈喜禪修中心，充分領受到緬甸內觀修行普及的清淨民風、聖者雲集如同遺世之珍稀。當二戰結束後，很多第三世界國家都積極轉型成西方資本主義標準下的現代工商業社會，由於軍政府受到以美國為首的國際社會所抵制，緬甸社會反而停下了步伐，卻也因此免於全球化的洗禮，完善保存了古老上座部佛制，至今未曾中斷。緬甸的純樸，猶如世外桃源，讓失控於名利爭逐的現代人心，有機會在二十一世紀見識到僧侶托缽、日中一食、結夏安居、常習內觀等等的佛制精神，如何深入尋常百姓的生活當中，還有三藏比丘的全國會考制度，也是舉世獨樹一幟的。這些也讓飽受全球暖化之害、金融海嘯泡沫化的先進世界的人們，有機會一揭古老佛國的神祕面紗，反省自己在物質文明社會裡所付出的代價。心道法師常常感恩自己出生在佛陀眷顧的純樸社會，又有幸趕上社會安定、三乘勃興的台灣，讓他面對世界發展有一番全然不同的特殊經驗與獨到視野。

爲了讓出家弟子學習各種殊勝教法，爲三乘佛法的弘揚奠定基礎，一九九六年冬，心道法師指派多位弟子到緬甸參習「摩構毘婆舍那內觀禪修法」。稍後十一月，心道法師親自帶領弟子回緬甸朝聖，並前往探視在摩構禪修中心學習禪法的弟子，期勉他們：「出家眾要常懷四種感恩心，感恩佛、師父、常住、眾生，才能成爲佛門中的龍象。感恩師父的接引、啓發與依止；感恩常住提供我們修道的資糧；感恩佛使我們學習到祂的智慧；感恩眾生的供養；如果沒有這些東西就無法學習佛法。四種感恩中最好的就是感恩眾生，因爲感恩眾生就會對眾生有慈悲心，心量就會變大，承擔力也會變大，這樣福報也會大。所以修道要成就是爲了要回饋佛、回饋眾生的關係，沒有這四種恩就沒有大無畏的道心。」正是這種大無畏的心，讓靈鷲山師徒與信眾堅持理念一直走下去。

此後，心道法師與南傳佛教的交流日益頻繁，多次回到緬甸故鄉尋親及朝禮各聖地，並先後邀請多位南傳的禪修大師到靈鷲山上傳法，其中包括烏依麻剌尊者前後來山傳授「安那般那」和「毘婆舍那」，烏依麻剌並曾於二〇〇一年夏來山帶領「結夏安居」半年。早先在一九九四年還有泰國康懇法師教導「動中禪」，一九九七年有緬甸賓內梭達尊者來山駐錫二個月教授毘婆舍那內觀，還有二〇〇〇年錫金國師美澎希阿埵。長年在喜馬拉雅雪山一帶閉關的美澎與心道法師習近投緣，總是說心道法師是他過去生的兄弟，見面親切有趣。另外，心道法師與南傳佛國泰國僧王的結緣更是奇妙殊勝，第一次是在一九九九年心道法師帶團赴泰拜會，之後則源源不絕的互動交流，後來又獲皇家御批把重量級的國寶古佛複製到台灣靈鷲山，這一切，大大豐富了靈鷲山徒眾的宗教視野和佛法修爲。

噶陀傳承，以密為用

心道法師雖然在修法用功上，得力於禪及般若，用於般若，行於般若，但與金剛乘的宿緣亦深，心道法師認爲密乘自有一套對佛法的通識歸納法，能幫助我們全面性理解三乘系統，進而找到修行的方向，密乘實修口訣更具實證性，可以加強對般若的體認。

靈山塔時期，心道法師曾於定中見密勒日巴授記並賜法名「普仁金剛」。一九八〇年，心道法師參與噶瑪噶舉派卡魯仁波切一世「時輪金剛」灌頂，並授法名「無畏」。兩年後，先得噶瑪噶舉派的創古仁波切傳「四臂觀音」和「大手印」，之後又從寧瑪派圓覺宗慧華上師處得授「辟穀法」。來到靈鷲山後，金剛乘的因緣更是成熟。老卡魯仁波切轉世之後的二世小卡魯仁波切，也曾二次蒞臨山上與心道法師再續前緣。

此外，受邀到無生道場傳法授課的大師北傳各教派皆有，一九九八年的仁俊長老，二〇〇二年有妙境長老來山講授心經，都經由心道法師親自邀約前來，其他參訪者更是不計其數。尤其當時多位藏傳大師也都來山參訪，例如嘎舉派堪布卡特仁波切傳過「大手印止觀」、「唯識」和「中陰度亡」、嘎舉派德頌仁波切來山傳授「蓮花生大士上師相應法」和「入中論」、寧瑪派的貝瑪才旺仁波切傳授「大圓滿虛幻休息禪定法」、嘎舉派中的竹巴嘎舉傳承持有者竹千仁波切傳授「大手印前行灌頂教授」和「財神法」，其父親爲寧瑪派噶陀傳承的毘魯仁波切則更完整傳授了「龍欽寧替」、「龍薩寧波」和「大寶伏藏灌頂」等。

在藏密的諸多修行法門當中，黑關是修持明心見性的一種方式，雖然是最快速，也最危險，如果沒有非常紮實的修行基本功夫，很容易著魔。黑關是把原本光線所照到的一切視覺對象徹底消除，在絕對的黑暗中，只能看到自己的內心，生起什麼樣的想法就看見什麼樣的想法，除了自己的心念和靈光，身體和其他的事物都看不見了。在這種狀態底下，不斷清理雜質，到最後才能夠眞正清楚地看見本來面目，明白本來面目。

一九九七年二月，心道法師在靈鷲山法華洞中閉了二十一天的黑關。

心道法師雖然曾經有過長達兩年的斷食閉關經驗，但這次多了忙碌的教團責任與沉重的社會使命，一切因緣都割捨不去，前行預備不足即匆促入關的心道法師，這一次似乎艱險無比，他回顧到曾感頂輪有心滴，往下滴到心輪時悲徹，會有想捨報而去的念頭，最後還是靠般若觀照度過。沒有人知道黑關期間，心道法師意識與生理的眞正變化，只能從出關後當天的開示來推測。他說：「菩薩道唯一的重點，就是不忘失眾生的苦，不忘失菩薩道的慈悲，不忘失佛陀的啓示。然後引導我們開啓智慧，引導身心得到解脫，引導生生世世都能是有用的生命，而不是在輪迴中，互相報復，互相愛恨糾纏，生命就在種種彼此製造殘害、糟蹋、痛苦的混亂狀況下浪費掉了。所以，我們學佛以後，就知道覺悟、放下，眞正了解到生命的可貴。」經過黑關的心道法師似乎更看清楚自己生命的無常，卻也放不下菩薩道，忘不掉對眾生的耕耘。

二〇〇一年元旦，寧瑪噶陀傳承持有者莫札法王，在禪定淨觀中認證了心道法師的因緣，確認他爲噶陀虹光身成就——「確吉多傑」——之轉世，經莫札法王授予「巴吉多傑」法號（意即「吉祥金剛」）。五月一日心道法師率徒遠赴西康求法行，前一天剛好是佛誕日，從傍晚酉時東北方開始出現滿天閃電，直到清晨出發前都還持續著。這一年很特別，因爲閏四月，故有二個佛誕日，出發前長達十二個小時的閃電似乎意味著傳承上的重大關鍵，彷彿也預祝年底宗博開館的壓軸戲。此行驚險波折萬分，後段兵分兩路，一路冒雪挺進到了阿日札寧瑪巴最古老的噶陀主寺參加長壽法會，經由貝瑪才旺仁波切的見證，現場三千位喇嘛觀禮之下，接受了噶陀傳承的祝福。另一路則由法性師壓隊翻過六千一百六十八米的雀兒山制高點，深入甘孜更慶寺取經，扛回了重要的法藏。

二〇〇二年四月七日，莫札法王正式委由毘魯仁波切親自到靈鷲山主持傳承陞座法會，心道法師受領了莫札法王交付的「虹光身成就轉世認證書」。毘魯仁波切在陞座法

上：二〇〇七年，由康區的莫札法王爲心道法師在閉關中的蓄髮主持剃淨。
下：二〇〇一年，心道法師獲寧瑪派噶陀傳承認證。

會中說到：「心道法師總體來說是佛教的大師，特別是我們寧瑪派噶陀傳承的持有者，前世曾是噶陀法教修行的成就者，莫札法王於淨觀、禪定以及清淨的夢境當中，都顯示心道法師前一世是噶陀修行的成就者，因此有必要做一個正式的認證。」這場陞座法會的認證，意味著心道法師三乘合一的菩提道在靈鷲山無生道場圓滿呈現。

心道法師不但獲得寧瑪派《龍薩寧波法藏》完整的灌頂口傳講解教授，更獲得寧瑪派精華寶典《大寶伏藏》之上師部、本尊部、空行部、護法部及附屬事業的口傳、灌頂與口訣之完整教授。心道法師在金剛乘法脈的傳承，上溯自普賢王如來到傳法上師之間，毫無中斷，其間一切三昧耶均非常清淨，沒有任何瑕疵，具有珍貴無比的傳承加持力。

自二〇〇四年四月以降，心道法師以寧瑪噶陀傳承持有者的傳承加持力，結合塚間修以來的大悲願力，根據蓮花生大師法教中最古老的巖傳法要，將原來塚間修至今每月舉辦的圓滿施食，擴大爲廣軌的「大悲度亡圓滿施食法會」。

此外，靈鷲山所舉辦的財神法會和觀音薈供，都嚴格遵循此巖傳觀音傳承之法本，希望能夠將其殊勝如實重現在法會和儀軌上面，而且還在水陸大法會裡特別設立了密壇，讓與會的信眾都能得到佛陀顯密圓融、廣大無礙的珍貴法教的無上加持與祝福。

三乘合一，從頭陀行到菩薩道

當菩薩心催發，行願漸深之時，或許心道法師累生以來的修道因緣，正畢現於前。然而轉世之旅與輪迴之謎，看來也不過是一體兩面。

心道法師原來傳承臨濟、曹洞二宗，接著是南傳的羅漢戒及修法，後來又加上傳承了金剛乘寧瑪噶陀派的法脈，遂完成三乘合一的法脈匯合。綜而言之，心道法師的修行是「禪體密用」，兼以南傳佛教的禪定戒律為基礎，呈現的是世尊初證道時「華嚴世界」的理想追求。於是，不論心道法師提出的是「三乘合一」或「世界宗教」的理念，都在「華嚴精神」攝受下，彰顯出更傳神的時代性意義。

所謂「三乘合一」並不是將三者融合爲一，而是三者歸一。

三乘本出一源，顯而能密，密而能顯，是世尊教法廣大全面的示現，真理本來就不能切割，它們都是佛教的修證法門，因應眾生的稟賦不同而產生，本就相輔相成。三乘之分，乃是受到各國歷史及文化因素的影響所致，「合一」意味著殊途同歸，共存共榮。

對於三乘的異同，心道法師曾經打過一個比喻：回小向大到密乘，就好比溪流到大河，再自然匯到大海，智慧之水是不變的，只是渠道有別。密乘強調菩提心遍滿，修持方法經過整理歸納，有一個嚴密的系統；大乘佛法是一個寬廣、開放的大系統；南傳則是一個內攝爲主的樸素系統。禪宗是沒有系統的系統，每一個系統都可說是它的系統，所以禪的心法在佛法中可說居於絕對性的優越地位，因爲「法法本無法，無法法亦法，今復無法時，法法何曾法」。密是藉事顯體，方便有多門。禪與密的修行路徑看似迥異，究竟體證卻是不二。可以說，禪宗什麼也不是，卻什麼都是。

禪宗是密宗的核心，禪就像最微細的細菌，無所不在。

心道法師認爲，「佛是一個大體系，佛所講的一切也都自成體系，都有一定的因緣規則。」佛，連走一步路，都自有祂覺悟的因緣，這是祂累劫發菩提心而來的莊嚴。祂把過去的事實映現

心道法師認爲，佛所講的一切都自成體系，有一定的因緣規則。

到現在，把現在的事實也能夠反射到過去。因爲佛過去生「因」的結構，所以會有「佛果」的顯現。佛從初發菩提心就不間斷做利他的事情，所以，祂把所有的因、緣、果都銜接起來，變成一個遍滿性、系統性的宇宙景況。整個宇宙生滅不已的軌跡，都有系統在管理。

在心道法師看來，修習從內證到外弘是必然的。「頭陀行」與「菩薩道」不是截然爲二，而是一種體會過程，體會到一個境界的時候，就會擴大自己的心靈空間，所有的事理都會自然契合。所以他出關之後，自證的能量自然會驅動修行的主體，去實踐利益眾生的因緣，因而才有了靈鷲山的一番弘法志業。

宇宙是一個記憶體

心道法師常把這個宇宙比喻成一個記憶體，在佛經裡稱之爲「如來藏」，這是儲藏大智慧的地方。他認爲：佛儲藏了最多、最圓滿的資訊，祂掌握一切，了解一切。佛的資訊就是大智慧的資訊，佛代表了宇宙的腦袋，是人性最圓滿、最高智慧的表現。以現代語言來說：佛是一個大資訊庫。學習佛法的資訊，就是發願成佛的意思。成佛是我們本來具足的，因爲每個人跟佛有一樣的佛性。可是我們的生命有缺憾，腦海中的資訊不完整，既糾結又矛盾，所以才那麼苦。而佛的智慧是圓滿無礙的，不矛盾、不衝突，什麼事來到佛的智慧裡，都是圓滿的。

很多人以爲學佛是迷信，心道法師認爲學什麼都一樣，如果含糊籠統、自以爲是，那才是迷信。

他認爲學佛是學習如何不迷惑，成爲一個有智慧而慈悲的人，而不是學迷信、學拜拜、自欺欺人。有些人之所以會迷信，那是他們無法依教奉行的結果。佛說：空性的道理，即是要把整個腦袋裡的雜亂磁場、系統歸零，歸零以後才會包容、吸收，才可以重建完整的系統。事實上「空」即是「有」，「有」即是「空」。「空」指的是沒有一件事物能夠永恆存在，每一個東西都是五蘊執著所投射的影像，它不斷和合、成立、顯現、消失，周而復始。諸多條件組合，變成一個現象的存在，所以片面執著現象爲實有就是妄想，妄想多了系統會亂掉，自然無法呈現本來面目。學佛，就是學習宇宙人生的道理，進而把腦筋的系統歸零，如實不虛妄地認知一切，如此萬事萬物各安其位、各得其所。

從這套現代化的佛教詮釋，可以看出心道法師與歷史上的佛教高僧，都有其對應時代性的特色。

毀謗是度化的緣起

台灣社會學佛風氣盛行，對三乘法師都有很好的供養心，早期對漢傳大乘佛教的接受度很高，近年南傳佛教也很興盛，各國重要教派大師幾乎都在台灣有據點及文化出版，但其中對藏傳金剛乘的印象則兩極化，許多來台弘法的法王、仁波切都有廣大的信眾，也不時有傳出假僧的惡徒神棍騙財騙色、爲非作歹的新聞，連帶影響一般人對藏密產生偏見與誤解。或許因爲累劫修行，心道法師與三乘法緣甚深殊勝，至今不但身具南傳緬甸法脈，北傳臨濟宗門，更接受了金剛乘寧瑪噶陀派法脈傳承認證，其獨樹一幟的塚間修歷程和頭陀形象，以及身著大眾陌生的緬甸赭紅色僧袍，難免招來各種揣想，還有一些以訛傳訛的批評。

有一次，報紙上刊出一則負面報導，某位護師心切的弟子氣憤填膺地跑到山上，把報紙往心道法師面前一攤，說：「師父，你看！」或許他心中正期待師父的反應，甚至打算建議師父如何公開反駁。心道法師瞄了一眼，泛起一臉安慰弟子的笑容說：「沒關係。」這三個心平氣和的字眼，實在無法平息弟子心中的怨懟。過沒幾天，他又氣急敗壞跑上山來，播了一卷惡意毀謗的錄音帶給心道法師聽，豈料師父還是如如不動，又心平氣定說：「出家人不就修一個放下，還有什麼話說。」可是任由這些謗語流竄，靈鷲山豈不被小人所毀？看在在家世俗眼中簡直是笑話，眞把弟子給急壞了。

一個星期之後這位弟子終於按捺不住，鼓著一肚子怒氣和怨憤，跑到心道法師跟前說：「師父，你看這要怎麼解決？」

「什麼怎麼解決？」師父又堆起一臉輕鬆的笑容。

「別人對你的毀謗啊！師父，你不知道他們把你詆毀成什麼樣子！眞是，……唉，我實在不會說啦，師父你，你怎麼可以不生氣？」

「跟無常有什麼好生氣計較的？」

弟子還是很不服氣：「難道人家打我左臉，我也要把右臉讓他打？」

「誰能保證他打了你右臉之後不再打人？」心道法師搖了搖頭，接著說：「看你要度他，還是他來度你？你怎麼讓他發自內心決定以後不再亂打人了？」心道法師認為佛陀所講的「冤親平等覺」的慈悲，不只要度我們親近的人，連冤家都是緣深，要積極去化解，無明較重的人更需要去度化。好比盲人比視力正常的人更需要牽引一樣。

最後，心道法師還告訴他：「這些毀謗就是一個度化的緣起，是大加持。」

後來又有一家周刊，在世界宗教博物館緊鑼密鼓準備開館的那一個月前後，刻意對心道法師做了大篇幅的負面報導，拼湊是非，趁機炒作毫無舉證的黑函，讓所有曾經認識心道法師且實際參與籌備開館活動的護法皆感痛心，也令了解內情的四眾弟子、各界人士不平。心道法師直下承擔、不為所動，除了立即召開記者說明會外，也坦然接受其他媒體訪談，在一片衝擊後，依然一肩扛下宗博誕生的重任及未來經營的難題，任由這些滾滾塵埃自生自顯自謝落，只是將傷害三寶社會公聽及基金會信實的問題委由法律來澄清，讓一切有緣自由心證、自負因果。

心道法師認為一切魔障也是佛恩，沒有必要、也不需闢謠或反擊，修行不就是這樣如如，止於當止、行於當行。

身邊的護法弟子們很清楚師父一路走來的堅持與寂寞，對佛法的教育來說，發願籌備宗博這個特殊志業的過程，無寧說是一場紅塵人事糾葛的無盡苦差，但至今回味起來，何嘗不是一則鏗鏘有力、時時迴盪在每一位有緣人心中，當機棒喝的公案。誠如弟子法性師所說：「菩薩道才是師父真正苦行的開始。」心道法師有時還會童心未泯地自我解嘲說：「靈鷲山的社會形象在宗博開館時打出高度來了，開館後反而低調多了呵。」後來有位信眾在偶然的場合裡稱讚心道法師：「師父，說真的，你很有明星相。」「嘿，不是明星相，是新聞相。」師父居然開起自己的玩笑來。一樁外人眼裡看來十分嚴重的負面報導，原來不過是一縷輕輕飄散的山嵐，為如如不動的心道法師增添幾許禪味。

心道法師對這種逆境惡緣，並不以為是逆，他曾經做過一番開示：出家人常說「修行」，「修」就是修明白，明白之後，再以其理貫徹到宇宙一切事物就是「行」。修明白佛法的人，不會去改變一切的緣，因爲好緣和壞緣都像過路客，修道人對好壞緣都不取也不捨，所以能夠平等。這就是菩薩「不昧因果、不壞緣起」的道理。菩薩修行的目的，是爲了度眾生，度眾生寧捨身命、在所不惜，何況是要寵辱無驚，呈現生命的大無畏精神？心道法師常以一偈鼓勵弟子：「菩薩清涼月，常遊畢竟空；爲償多劫願，浩蕩赴前程」，道盡成佛之途的朗然風光。成佛就是度盡一切的種子，讓它成爲覺悟的種子，這叫圓覺。不管是參禪或打坐，如果只是爲自己而修，所覺悟的部分僅如螢火之光；如果爲一切眾生而修，那麼所明白的一切，就好比日月般明亮。所以度眾生是爲了擴大菩薩心，並深入覺性之海。

身爲菩薩道的行者，面對毀謗，只有護教，早已沒有自己。

菩薩道，讓眾生離苦得樂

內證與外弘，對心道法師來說是並行不悖，一體兩面的大事。他常用淺顯易懂的語言對信眾分析其中道理：修習佛法，可分「動」、「靜」兩種。「動」者即是行菩薩道，將我們的慈悲心放射出去，去修生生世世的德行；「靜」者指坐禪或持咒，可以收斂自己的內心。對一般人來說，個人修行是屬於自覺、自受用的行爲；菩薩道則是覺他、他

受用的行為。所謂的「菩提薩埵」即是覺有情、自覺覺他的意思。「自覺覺他」其實是一體兩面的，一方面是「自覺」的修行、攝心，另一方面是「覺他」的喜捨與付出，兩者是分不開的。如果我們沒有自受用的經驗和體悟，怎麼能給眾生他受用呢？所以自覺的修行是證明佛法，而菩薩是把證明出來的體驗分享給眾生，讓一切眾生共同享用佛法所給予我們人生的解脫自在。佛陀的法、報、化三身，就是兼具自受用、他受用，而且達到覺行圓滿。

早年在塚間修行的時候，心道法師已經深深感受到六道眾生所受的苦，遂起了大悲心，發願將個人的禪修和親證的佛法，來覺醒一切眾生，使之離開輪迴得到解脫，尤其三惡道的眾生更要不斷地超度。

菩薩道，正是心道法師的弘化大願之根本。

無論是菩薩道的實踐和無生道場的建設，都需要龐大的經費，心道法師對於信徒護持自有一番平衡的看法，如果因為要募款而奔波，要遷就信徒的要求，最後糾纏不清、處處受制於他人，那就變成「不淨財」了，所以對於善款勸募，心道法師抱持法住法位、以法回饋的隨緣態度，認為「清淨則來，不清淨則去」，莫強求去留。然而，為了面對教團龐大的日用開支，也為了有效地運作永續道場，心道法師開始投入社會企業或國際非營利組織NGO的設置，以此來凝聚信眾的力量。在一九八九年六月成立了「靈鷲山般若文教基金會」，十一月於宜蘭羅東長虹證券舉辦第一場說明會，闡述靈鷲山未來的發展藍圖和菩薩道的悲願，同時成立了「靈鷲山護法會」協助發展教務。一九九〇年又成立了「國際佛學研究中心」，結集四眾弟子的力量，去實踐菩薩道的廣大願力，展現理想中的華嚴世界。許多信眾紛紛投入護法會的委員工作，這是一個授記眾生成佛的地方，不知改變了多少位菩薩的人生，同時他們也成就了靈鷲山。

緊接而來的水陸法會和世界宗教博物館之籌建，則分別代表著心道法師弘化大願之雙軌，也是兩種不同形式的生命教育。後續更陸續成立了佛教基金會、慈善基金會、世界宗教博物館發展基金會，以及「愛與和平地球家」（GFLP）等等國際機構來運作這些社會責任。

冥陽兩利的圓滿施食

一九九〇年十一月二十六日，心道法師在靈鷲山無生道場啓建了第一場「圓滿施食法會」，此法遵循普賢王如來大願力口訣，普施、普救和普度三界六道一切眾生，先滿其願，乃至償還多生夙業，普願眾得自在解脫，一切受用具足圓滿。最初心道法師發願親自主法百場，至一九九九年四月為止，後來卻一直延續至今（自二〇〇四年開始改訂為「大悲度亡圓滿施食法會」），已超過兩百場。

每個月親自主法的圓滿施食，心道法師都很用心在超度，往往兩、三個小時主法下來，整個身體好像脫水一樣，很疲倦，那是因為要承擔他們的苦。幽冥眾生沒有身體，但有心念，我們有身體，所以他們的心念會傳到我們身體上，讓我們感受到他們的苦，超度就是要承擔，倚仗佛菩薩的力量為他們消除業氣。心道法師特別強調：有情眾生雖然因其造業之結果而墜入餓鬼道，但有福氣的幽冥眾生，若有因緣聽聞佛法，絕對是求之若渴的。圓滿施食的因緣非常殊勝，不但展現了大慈悲心，令三惡道受苦的眾生聽聞佛法、受持三皈、超拔離苦，同時也在警惕自己起心動念、言行舉止中不造惡業，時時秉持度眾的悲願，種下菩提因，行自利利他的菩薩道，為冥陽兩利的佛事。

圓滿施食法會的啓建十分圓滿，大家對法會的攝受力有了更大的信力，在眾多信徒祈請下，心道法師遂決定籌辦更大型的法會，來接引六道眾生獲得佛法之普度。

以大悲法會為起點

一九九一年，心道法師在宜蘭縣羅東鎮的活動中心啓建了靈鷲山第一場大型法會

——「萬燈供佛大悲法會」，從一九九一年三月二十八日至四月三日，為期七天。這場法會獲得地方民眾的熱烈支持，實際參與的信眾多達數千人，法會現場點燃了五千餘盞酥油燈，心道法師和眾弟子在燈海中央，領眾唱誦〈大悲咒〉，場面非常殊勝，所有的參與者都深受感動。後來在各方信眾的要求下，隨後又在三重、桃園、台中啓建了三場大悲法會。

這段日子，大夥兒幾乎都是爲了籌募款而忙碌，不斷地開會、協調、檢討、改進，不停地演說、拜訪、舉辦法會。弟子們每天都疲憊不堪，卻又忙得不亦樂乎，心底卻響起師父那句「修行戰場就是眞實的生活」，這番話挺住了大夥兒的鬥志。實在很難用當前靈鷲山的建設成果去推想昔日之情境，那時山上只有一條黃泥道路，一下雨就很慘，車輪常常陷入泥沼裡空轉，大夥兒只好踩著深及小腿的爛泥巴步行上山，一爬就是兩個小時，又累又濕又暗。有時車子不幸半路拋錨，經常保持清醒的心道法師遂大吼一聲，把全車昏睡的弟子喊醒，要大家一起下去推車。其實呢，幾個女弟子出的是虛力，大聲吆喝的是師父，眞正使力的也是師父。要是推得動還好，通常卻是被泥漿噴得滿身滿臉，精疲力竭，車子還是不動如山。雨天的山路，絕對是一場災難。恆傳師回憶起這段苦日子，言談中總帶著一股苦盡甘來的滋味。

心道法師就這樣帶著十餘位弟子，上山下海，籌辦了一場接一場的大型法會，永無止境的奔波勞頓，尤其萬燈供佛大悲法會，在那個沒有網路宣傳和線上報名的年代，法師們就得親自挨家挨戶去募燈，把弘化悲願細說從頭，再讓民眾了解法會的功德，並不是一件容易的事。走入人群中的法師只有修行，沒有休息，只有向前，絕無後路。從第一場說明會開始，心道法師就安排弟子們學習上台對大眾說話，訓練他們的口才和膽量。恆傳師第一次上台時，不但臉紅到耳根，身體和麥克風一起發抖。接著又辦了幾場大型活動，眾法師的經驗從零到有，在師父嚴厲的督促下迅速成長。心道法師知道，這十幾位弟子很快就能獨當一面，一起推動靈鷲山的弘法大業。

法會主法還是得由心道法師親自主持，因為對一切有形無形的眾生而言，他都是最核心的靈魂人物。法會在誦經時，度的是三惡道的往者，會後，度的是眼前的信眾。

毫無例外的，總會有許多信眾在法會結束後圍繞著心道法師，問一些私人問題，或者排隊等待加持。即使每人一問一答一加持，折騰下來已是深夜，會場裡的僧眾常常早已不成人形，希望能快快回去休息，但是他們都得硬撐著眼皮，看著自己僅存無幾的睡眠時間，在信眾們永無止盡的家務瑣事和無明的煩惱中流逝，同時也感受到師父正透支著體力，去開示那些遲遲不願散去的信眾。信眾們對加持一事尤其熱衷，彷彿所有人生的勞頓、痛苦、病難都希望委由心道法師來幫他們承擔化解。一輪加持下來，有時硬是拖到午夜一兩點，有些信眾還會重新排隊，再加持一次。筋疲力竭的弟子們有時不免產生怨懟，覺得人心貪得無厭，只顧自己解惑，而忽視他人的處境。但心道法師永遠是一臉親切的笑容，有求必應。

若無大慈大悲的菩薩願力，豈能普度眾生。

在大悲法會的基礎上，一九九二年秋天，心道法師和弟子們先後在台北、高雄和宜蘭啓建「舍利心海華嚴大法會」。這場法會是靈鷲山法會的一次重要的轉變，爲了提升法會現場的空間氛圍，並強化壇城對信眾的感染力，故特別委託敦煌藝術推廣中心將佛教藝術的抽象與具象之美，貫徹到會場的設計上面，產生一種莊嚴、肅穆的先天效果，再加上現場展出的近千顆佛陀舍利，更讓每一位踏入會場的參與者迅速融入法會特有的空間質感當中。菩薩道形而上的慈悲願力，結合了形而下的佛教藝術之美，在這裡可以看到日後靈鷲山水陸法會的原型。

心道法師在傳統法會中加入現代藝術元素的做法，讓傳統那種單調且老舊的法會有了嶄新的面貌，確實有先人之見、大開先河的意味。

一九九三年八月，「世界宗教博物館籌備處」成立的同時，心道法師和弟子們開始如火如荼地籌備一年後啓建的水陸大法會。這兩件都是大事，以靈鷲山當時相當單薄的人力、物力和財力規模來看，根本是天方夜譚。

啓建水陸，度盡衆生

水陸法會似乎對心道法師是順理成章的法舟，也連結了山上志業發展的廣大善緣。

水陸法會的全稱——「法界聖凡水陸普度大齋勝會」，除了法師和修行人之外，恐怕沒幾個民眾可以記得住，眞正了解水陸內涵的人更少。若從迷信的角度來看水陸法會，似乎只是一場盂蘭節專屬的超度幽冥眾生的大型宗教盛事，究竟它跟一般法會有何區別？恐怕又是另一個謎題。

水陸法會，可以說是一場冥陽兩利、顯密圓融、三乘莊嚴的大法集，深具生命教育，它體現了佛教的生命觀和宗教儀軌，令亡者得度，讓活著的我們去體悟生命的意義，進而實踐「生命服務生命，生命奉獻生命」的崇高信念。

有關水陸的由來雖然眾學者考證不一，通常都引述南宋《佛祖統紀》所記錄的神僧傳說作爲水陸的起源：「梁武帝夢神僧告之曰，六道四生受苦無量，何不作水陸大齋以拔濟之，帝以問諸沙門無知之者，唯誌公勸帝，廣尋經論必有因緣，帝即遣迎大藏，積日披覽，創立儀文，三年而後成，乃建道場。」另有一說，是以唐代密宗的《冥道無遮大齋》結合梁武帝的《六道慈懺》而成。最精細的說法是：梁武帝（464-549）召集高僧以〈無量威德自在光明如來陀羅尼咒〉施食法爲核心，費時三年終於制定水陸懺儀，並

舉行了史上第一次水陸法會。其後，再經過宋、元、明、清和民國初年諸位高僧大德的後續增訂，成就了這部祈願度盡一切有情眾生的齋法，不但匯集了中國佛教的儀式、經典、知識，更在禪修、念佛、研經法門之外，另闢獨特的懺悔法門，造就了佛教的祭祀風俗，也解答了一般百姓對死亡的迷惑。

流傳至今已一千五百年的水陸大法會，當之無愧已經成爲「法會之王」。

右：一九九四年第一屆水陸法會。
左：水陸法會似乎對心道法師是順理成章的法舟，也連結了山上志業發展的廣大善緣。

傳統的水陸法會原本多由經懺師主法，打水陸的禪師很少，其中最有德望的莫過於一九一九年啓建近代第一場中興水陸四十九天的虛雲老和尚，他曾說過：「萬法唯心，只要誠心禮懺，必有感應，無論水、陸、空亡均須群體普度，以慰亡靈，死者得安，生民獲益，所謂冥陽兩利是也，此即因果循環之理。」虛雲老和尚多次主法水陸，對突破「禪修」和「打水陸」之間的鴻溝起了深遠的影響。

台灣的第一場水陸時間是在一九一七年秋末，由基隆靈泉寺主辦，智光老和尚主法，正表為隆泉老和尚，副表為戒德老和尚，太虛大師蒞臨主壇宣講佛法，至為殊勝。一九八五年，廣欽老和尚在高雄妙通寺傳授三壇大戒，並啓建水陸大法會廣度眾生，盛況空前。不過水陸法會規模宏大，在人力及物力方面耗資十分驚人，一般寺院很難獨立舉辦，所以並不常見。

心道法師以禪修著稱，對懺儀法務本不專精，早期也不喜弟子學法務後老跑經懺佛事。時常有人問心道法師對水陸法務都不懂，怎麼敢貿然發願啓建？這個緣起還是與籌建世界宗教博物館息息相關。話說當年籌備經費困窘，教內長老說辦水陸善款多、供養多，可是衡諸當年靈鷲山各方面條件簡陋，對水陸儀軌又全然不熟，大家對心道法師籌辦水陸都捏一把冷汗，甚至有的搖頭有的勸退，總之都不看好。但是，一想到如今啓建宗博所需的龐大資金、當年在墳場苦修時發願度三惡道苦的承諾，心道法師更是毫不遲疑，毅然宣布要做三年水陸，並且還信心滿滿。另一方面，也是考慮教化緣起的廣大，心道法師意識到現代人習禪的門檻高，水陸法會的接緣遠比習禪更爲廣大和普及，由此可以讓禪修的深入教化，跟水陸法會兩相結合。

一九九四年的觀音成道日，靈鷲山無生道場大雄寶殿開光十週年，心道法師開山演教，以「慈悲與禪」爲宗風行持，以觀音法門與塚間實修的大悲願力，接引有緣眾生，展開六度萬行的菩薩道，並實踐對眾生的允諾，宣布啓建靈鷲山第一場水陸法會。

淨念師回憶起當時承擔第一場籌備工作的窘境，特別用一句話來概括：「對水陸什麼都不懂，該有的東西統統都沒有。」一來是靈鷲山以簡樸禪修爲主，水陸專用的法器和各種硬體一律從缺，加上總本山石屋瓦房，根本連中小型法會都爲難，更何況水陸；二來他們對水陸尚無長遠的打算，只能說是走一步算一步。於是淨念師帶著忐忑的心到處去參訪水陸、請教長老，況且限於財力人力物力，雖然當年台中因緣成熟，卻也只能向各大寺院和宗教團體暫時商借，整個籌辦過程十分艱辛。眞正要命的還是場地，所以外壇設於台中市光復國小，內壇設於台中體專體育館，分兩地同時啓建「護國息災、祈福報恩水陸大法會」，時間是一九九四年八月二十二日至二十八日。

決定啓建水陸的場地定案之後，心道法師也幾乎全天候坐鎭應對每一個細節，緊盯四眾弟子投入籌備工作的心心念念。心道法師對佛事儀軌要求一向非常嚴謹，有時簡直讓人覺得嚴苛，每個環節都絲毫馬虎不得，都要清清楚楚，他認爲不辦則已，一辦就是人天感應的盛事，一切起心動念都不可以是非俗見看待，弟子們從水陸的縝密儀軌、場地安排、義工培訓到壇城設計都必須做足準備，隨時得面對心道法師的「品質檢驗」，只要有所不對勁，就隨時準備一切重來，譬如壇城布設，有時只是因爲不夠好所以重來，有時好像沒問題卻也要拆掉重來，一天好幾次重頭開始都是有的，一切務求磨到盡善盡美，念念淨念爲止。

這場八天七夜的水陸大法會，眾多法師和數百位義工在台中市光復國小和台中體專體育館的內壇、外壇之間頻繁往返，再加上文書儀軌的工作室，還要三地往返，基於經驗不足所導致的人力調度立即發生問題，往往一整天累下來，大夥兒差不多都垮了，很多時候就趴在工作桌上小睡，晚上在光復國小教室裡睡大通鋪的時候，很多人兩腳都貼上沙隆巴斯，雖然叫苦連天，卻夾有一種莫名的法喜，以及初生之犢不畏虎的衝勁，隔天大夥兒繼續硬撐下去。這時有幾位來自桃園縣的護法會成員兼義工，心裡就在想：如果將來可以改在桃園巨蛋體育館，該多好啊。

這場克難的水陸，讓心道法師的「菩薩道」結結實實地向前邁出了一大步。這一步不僅邁向了社會，也邁向兩岸三地，甚至邁向國際。

一九九五年的第二屆水陸，果如大家所願地改到桃園巨蛋體育館。這一年適逢中日戰爭結束的五十周年紀念，在戰火中長大的心道法師感觸特別深刻，遂以「終戰五十年，息靈祈安水陸大法會」爲名，超度那些不幸在戰火中陣亡的軍人和老百姓，還有過去在台灣海峽遭遇海難的海上孤魂，藉此傳達世界和平的理念。

巨蛋體育館讓本屆水陸擴張到前所未見的規模，不但工作量倍增，場地設計和動線都得重新規劃，投入的護法會成員和義工總計超過一千人。各組人馬的籌備工作早在幾個月前就密集展開，其中一項非常特殊的是挑選米粒。水陸正式開始前的一個月，每個星期四義工們聚集起來，挑選出完整無損的米粒，邊挑邊念〈六道金剛咒〉，這些圓滿無缺的米是供拜焰口之用。

一位當時家住林口的護法會成員黃秀妘師姐，當晚即夢見自己正在回家路上，看見緊鄰住家的茶園，被一座透明如紗的巨大帳篷籠罩著，茶樹之間整整齊齊的蹲著一列列綠色軍服的國民黨部隊，她從帳篷側面靜靜走過，在小路拐了個彎，又看到一支身著土黃色軍服和鴨舌帽的軍隊（從衣著判斷應該是共軍的八路軍），然後就醒了。雖然納悶，但也不以爲意。豈料下個星期四，同樣是挑完米之後的夜晚，又夢見回家路上，在茶園附近的樹林裡發現一架剛剛出土的螺旋槳戰機，機身寫著三個字，前兩字是「戰士」，第三個字有點像「魂」，直覺上是戰機，她一轉頭即看到西方天際出現七彩祥雲。後來她跟法師們說了這兩個夢，大夥兒研究的結果是：戰爭陣亡的軍人已經感受到心道法師度盡眾生的水陸大願，提早前來駐紮在法會附近。這是「終戰五十年，息靈祈安水陸大法會」最有名的感應故事。

對這些感應故事，心道法師很平淡，他認爲佛陀及祖師們已經爲我們揭示一切的道路與方法，我們只有依教奉行、精進不懈的本分而已，水陸既爲普度之王，解冤釋結、感通天地都是再自然不過的功德。

一連順利辦過三屆水陸，有了具體經驗之後，心道法師進一步察覺到水陸強大悲願所形成的磁場，對參與的民眾起了不可思議的感染力，在此間開示、誦經、修法都特別攝受，在七日共修的大磁場中踐行佛法清淨的生活，將身心融入其中，很容易升起相應，也能得到同修道友的鼓勵薰陶，打水陸七也等於給自己一年一度的省思淨化的關期。水陸法會的啓建，蘊含著心道法師對信徒的加行教育，也蘊含對菩薩道生命教育的深刻見證，所以他決定持續辦下去。

戒德老和尚主法十五年

自從心道法師籌辦水陸以來，可以說與兩岸三地各三乘教派的法師也結了廣大的善緣。其中，戒德長老可以說是靈鷲山傳承寶華山戒律儀範的大阿闍黎。

從一九九八年的第五屆水陸開始，心道法師請到水陸第一把交椅戒德老和尚來主法。戒德老和尚（1908~2011）是一位集傳戒、做焰口、打水陸於一身的大師，他擔任水陸內壇的正表達五十五年之久，屬於較洪亮的「蘇派」梵唄唱腔。戒德老和尚是心道法師在法雲寺受戒時的開堂和尚，所授的是寶華山的律戒。一九九八年，戒德老和尚以九十歲高齡受邀前來主法第五場水陸大法會，連續主法十二年之久。戒德老和尚曾表示心道法師是他多生以來的親戚眷屬，知契甚深，心道法師敬崇他爲「寶華山儀軌的傳承守護者」，靈鷲山僧院的軌範即是傳承自戒德老和尚的寶華山的律宗系統。

每年靈鷲山在正式啓建水陸法會之前，必先圓滿五場水陸先修法會，讓所有的功德主能夠全年謙卑禮懺，滌淨一年的障礙，成就福慧善果。同時，也將五場先修法會的殊勝功德普皆回向，使得該屆水陸法會盡善盡美、冥陽兩利，此乃水陸先修法會的創舉。此外，爲使法會功德圓滿無漏，利益功德主，每年法會啓建前的一個月，靈鷲山常住法師必預先持誦水陸法會各壇所需持誦經典四百二十七部。水陸正式啓建期間，一律遵循古禮，依時、依辰、依典制來進行，所有的供品、壇城布置和擺設，當盡莊嚴、清淨，以最縝密謹慎的態度，達到如法如儀的完美境界。

正因爲靈鷲山水陸法會的儀軌非常嚴謹，而且善緣很廣，深得戒德老和尚的肯定，雖然年事已高，每年都不辭勞苦地在內壇全程主法。二〇〇九年夏天，老和尚原本已經病危，可是到了法會啓建日期，突然又好了起來、清醒恢復過來，並堅持撐著百歲高齡的瘦弱身軀前來主法，在高壇上引領信眾誦讀佛經，其蘇派的梵唄唱腔依舊清晰、洪亮，感動了在場所有法師和信眾。兩年後，妙法寺方丈戒德老和尚功行圓滿捨報，於五月二十一日寅時，在四眾弟子念佛聲中安詳圓寂，高壽一百零三歲（虛歲一百零四）。心道法師知悉戒德老和尚圓寂的當天，立即派遣弟子參與治喪，並要求四眾弟子聽候調派支援。是年水陸，老和尚的舍利子就供奉於水陸法會的正門，以爲鎭壇。

造就一個解冤釋結的淨土

二〇一三年正好也是靈鷲山的開山三十周年，水陸法會也邁進第二十屆，儼然成爲靈鷲山的弘化大典。由於啓建水陸的因緣殊勝，再則水陸悲願的磁場效應對眾生的攝受加持廣大，心道法師每年都要善觀社會因緣來發願，包括針對重大災難做主題性的公益超薦，還有主壇布設的背景等等，總是讓籌辦的弟子費盡心思。

心道法師說的話，聽起來輕鬆，也易懂，卻蘊藏一股滲透力，很能夠打動人心。他說極大部分對佛法不了解的人，原本只是純粹爲了超度祖先而報名水陸法會。其實，水陸是一場非常殊勝的大型法會，對社稷人心是非常重要的安定力量，人天共感。從梁皇壇拜懺到諸經壇，再到水陸內壇，整個過程就是一次很重要的薰陶和洗滌，在這裡，我們和所有的祖先都能夠在同一個地方接受佛法。陽間的世人和三惡道的眾生不同，尤其是鬼道眾生，沒辦法自己做功德，必須由我們幫他們報名超度，才能夠離苦得樂。我們去聆聽佛法，以解脫他們內心沉重的、染垢的煩惱，然後內心開始喜悅，進而能夠超越苦。

上：二〇一二年，心道法師赴雲南騰衝來鳳寺參與「中國遠征軍陣亡將士水陸空追薦超度大法會」，並受邀為主祭法師。
下：超薦戰火中陣亡的眾生一直是心道法師的悲願。

心道法師覺得全球化資訊時代的社會問題核心，主要在貪染心導致的瞋恨暴力，因此修持懺悔、布施是現代人非常重要的法門。他認爲弘揚水陸就是修大捨波羅蜜，水陸最重要的就是「大普度、大普施、大懺悔」，也就是用法布施、財布施、無畏布施來爲眾生世界解冤、解業，懺悔我們累生以來跟別人結下的怨，所以水陸可說是「生命大和解」的大法門。在無盡的時空中，心道法師把大眾帶入水陸的共修磁場，又讓這份冥陽兩利的功德，可以分享給其他國家、其他宗教，甚至不曾接觸宗教的剛強眾生。一切唯心所造，一切恩怨只要內心開始鬆了，業力的結構體也會開始鬆動，陰間的業結鬆了，陽世的業結也鬆了，該鬆的全都鬆了。放鬆以後，好運加持就降臨進入我們的心。

當數萬人在法會中凝聚起無量無邊的善念願力，確實可以感應不可思議的功德。凡是參加過靈鷲山水陸大法會的信眾或志工，都會發現這不是一場民俗文化意義上的宗教盛事，不僅僅是拜懺和解冤釋業的場合。志工在學習如何實踐菩薩道的精神，長養慈悲心，累積自己的福德資糧；與會信眾則透過法會的接引，進入學佛的歷程，尋找安心的生命方向。靈鷲山水陸法會，其實就是一場以佛法爲本的生命教育課程。

當然，透過水陸等法會而來的善款緣金也直接間接支持了靈鷲山的各項弘法志業。

可以說，心道法師把水陸的佛法生活教育、宗博的生命智慧分享，充分結合起來。

他知道現代人每日接收的資訊太多，已經不太接受升堂說法式或學究式的單向說教，如果有一個場域可以攝受廣大，讓大家自然耳濡目染，那麼水陸無疑就是最好的慈悲教育，宗博無疑是最深遠的生命智慧計畫。

弘法度眾不言累

不管是任何時候地點，只要能遇上心道法師，信眾只要有所請求，師父都會為他們佇足說法，很多信眾都懂得如何把握，為師父排班接駕、午休用餐、修法中間的空檔，前去請師父加持，或述說自己在生活與修行上的困惑。有一回法會結束，當所有的工作人員歡天喜地收拾好場地，正準備離去時，突然來了一位老太太，說是有宿疾在身，想請心道法師為她加持。弟子們體念師父的辛勞，便客氣地婉拒了她，但老太太始終不肯回去，還說她最近風濕又發作了，希望師父加持一下就好了，嘴裡不斷拜託拜託。

其實心道法師早已上車，遲遲不見弟子前來，便下車察看。老太太看到師父，眼神立即為之一亮，弟子們疲憊的心則為之一沉。聽過弟子們的解釋，心道法師果然如大家所料，立刻找了張椅子請老太太坐下，先為她加持，再蹲下來為她敲敲腿，捶捶背，還聽她一邊訴苦。老太太告訴師父有關她和媳婦之間的磨擦，說著說著竟哭起來，一張老淚縱橫的臉，登時浸軟了大夥兒原本不耐的心。心道法師還不時安慰她，開解她。半小時後，老太太才滿意地離去。

「你們爲什麼不馬上來叫我呢？」對此事心道法師顯得不高興。

「我們怕師父太累。」

「唉！」心道法師嘆了口氣說：「眾生就是有苦才需要我，眾生一旦無苦，師父何用？」

心道法師就是抱持著這顆救助眾生的心，不管多忙多累，不管何時何地，他的慈悲如花雨，只要有人需要講法或加持，花雨隨時沾襟。這個不言而化的教化力量，十幾年來感化著跟隨的弟子。菩薩道的精神永遠是身先士卒，不落人後。

淨念師曾經很納悶地問過心道法師：「師父，爲什麼你對信眾們大大小小、反反覆覆的問題，都有求必應呢？」

「能讓眾生開口發問很不簡單呀，」心道法師接著說：「通常這個問題一定是在他內心囤積很久了，變成了大問題，必須一次次地爲他破除，才可能化去。這個無明煩惱能破一分則進步一分，學佛的障礙也就少一分，不是嗎？」

雖然生老病死、三毒八苦是眾生共同的問題，但提問的人卻不同。心道法師的度眾慈悲成就無數因緣，就這樣如同滾雪球一般，愈滾愈多，愈滾愈大，十幾年下來，交織成靈鷲山的護法事業版圖，也終於滾出了「世界宗教博物館」的成績。調伏這些眾生的煩惱，要透過種種隨機逗教、苦口婆心的訓誨、各種活動的參與。經過一次又一次的轉化，就如同世尊十個名號中有所謂「調御丈夫」，意指善於調治眾生習氣的大法王。眾生習氣剛強，不免雜染世俗心來到道場學法，時善時惡，有順有逆，好好壞壞，進進退退，讓心道法師著實過招應接得目不暇給。當世人不了解「揚眉瞬目盡是佛法，嬉笑怒罵無非般若」，面對不善於廓然大論的心道法師，眾生只能霧裡看花，但見尋常親切，不知十年寒霜與修行的箇中奧妙。於是，一幕幕師徒間試煉、較勁的對機公案高潮迭起，成就了靈鷲山生命中最莊嚴的一段菩薩道交響樂曲。

心道法師在與信眾的答問，禪機處處，且簡捷有力，像斧頭一樣把眾生心中的疑慮劈開，同時在旁人眼裡留下深刻的印象。有位信眾皈依後決定吃素，爲了表示告別肉食的決心，他問心道法師：「師父，我決定吃素了，家裡的鍋碗瓢盆要不要全部換掉呢？」心道法師居然反問他：「那要不要把你的牙齒也一起換掉呢？」一道難題就這麼輕易地解決了。

曾經有位天眞無邪的小朋友，向心道法師提出念經的問題：「師父，念佛會不會累？」「那你念書會不會累？」「會！」「我念佛也會累啊，可是念書有沒有效？」「有！」「所以要念佛啊！」這個大人們埋在心裡不敢問的問題，心道法師用最誠實的心來回答，再從效用上把「累」的念頭立刻抵銷掉，即使再累也要念。心道法師每天念一千遍

〈大悲咒〉回向給受苦的眾生，確實是很累人的事，若無大悲願力，豈能持之以恆。

以道場為家的義工和護法

弘法度眾與籌建世界宗教博物館的經費，都是很吃力的事，前者利益眼前的信眾，後者利益普天之下的眾生，兩者方式與層次不同，卻一樣重要。心道法師認爲弘法光靠內眾弟子根本忙不過來，必須有更多的社會善信加入弘傳佛法和籌建宗博的行列，所以人數日益增加的護法會和義工組織，在各個環節上扮演著吃重的角色。

在繁重的弘法工作之餘，心道法師還是不忘根本，他要求弟子的教育時間，重視每季固定大閉關一次、每逢星期一封山靜修，這都是他開山迄今的不二規矩，不容討價還價，不得異議，所有外出請假都得親自報告，經他一一批示方可放行。其他的日子，幾乎每天都是密密麻麻的活動或行程。信眾不斷前來拜見心道法師，有的甚至從美、加、東南亞各地專程飛來。因爲教團事務繁忙，不少弟子被派駐到外地，都有護法和居士共同成事，即使長駐山上的法師，平時也都有義工輪流幫忙。

那群熱心的義工，對於大大小小的法會和活動都全力以赴，有的甚至以道場爲家，可說是最忠誠的護法弟子，對無生道場有很大的貢獻。到了每年的水陸，一兩千位義工投入不同組別，各司其職，盡全力確保法會每個項目的運作都能順暢。其中最辛苦的恐怕是香積組，他們成天窩在臨時搭建的鐵皮廚房裡，頂著八月炎陽，日夜不停地料理兩千人份的伙食，沒有驚人的體力和毅力根本撐不下去。

其中有一位在大殿擔任義工的師姐，向師父請示她心中的苦惱：她每次回山做義工，雖然比家務更多更忙，但內心很踏實，可是一回到家，心就很難穩定下來，容易暴躁，總覺得處處不對勁，強烈感覺到只有自己一人在學佛，好苦，好孤獨。心道法師用一個最簡單的道理開示她：「心就是道場，是妳的心在分別。」那位師姐當下起懺悔心，體認到自己雖然身在無生道場，卻不知道無生道場應該安放在心中，而不是心外。無論在家裡或者山上，有心就有道場，所有的苦惱立時煙消雲散。

很多義工同時是護法會成員，除了定期的小額護持，各分會的會長和委員都必須努力維護各地區講堂和中心的日常運作，每逢大型活動的到來，工作量就會大幅增加，在推展會務時難免受到委屈，心道法師會跟他們說：「承擔是一種福報」，要用耐心和愛心去面對所有的眾生，這裡就是我們修行之處。

很多接觸過心道法師的人，都覺得他是一位活用佛法的智慧僧，特具有一股隨緣自在、活活潑潑的親和力。解決別人的問題，固然可以看出心道法師的善巧智慧，面對自己的毀謗時，能夠舉重若輕、就地平息，才眞正顯露出他過人的胸襟與修爲。

6

世界宗教與華嚴聖山

1989~2013

遙契太虛大師的理念

心道法師出生在太虛大師往生後一年，在時代因緣與弘法志向上，心道法師都覺得自己遙契太虛大師的「人生佛教」和「世界佛教」，關於太虛一生沒有完成的使命，似乎在心道法師心中都覺得沒有什麼可揀擇的，都是適合當代的，也是他應該盡力去做出來的。

太虛大師曾說：「仰止唯佛陀，完成在人格。人成即佛成，是名其現實。」大師站在當時的社會條件上，帶著改革的企圖針砭教內弊端，他希望落實一種不脫離世界，不脫離人生的眞實佛教。這不單是精神層面的禪修，還必須看到大時代的問題，佛教不應只是專爲念經拜懺的鬼神佛教，也不是遠避山林的自了漢，應該更落實在現實人生去找尋解脫，爲現代人鋪陳一條學佛的康莊大道。換言之，現代的佛教僧侶必須透過一套自我修練，進而轉換社會，去改善眾人的生活，使之臻於至善，這才是「人生佛教」的宗旨。

太虛大師還指出：「人生」一詞，廣義上可以涵蓋「九法界」的眾生，人類是九法界一切眾生的中樞，一念向下便爲四惡趣等，一念向上便爲天及三乘等，故人類可爲九法界眾生的總代表，也就是九法界眾生的轉捩點。佛教當以世間的全人類爲首要對象，再由此擴及其他眾生，才稱得上眞正的「人生佛教」。

至於「世界佛教」，則是一種全球化的參與，太虛大師看到帝國主義、資本主義的共業結構有即將席捲天下之勢，曾呼籲中國佛教應參與中國和全世界在二戰之後的新文化建設，他觀察到：天主教和基督教已經開始討論怎樣建立戰後的世界永久和平，但佛教徒似乎尚無有力的表示。佛教應該對戰爭的起因和解救方法有更深入的討論，讓佛法爲戰後世界和平做出有用的指導，使全人類獲得眞實利益，佛教亦應發揮實際作爲，而不只是慈悲救人救世的座談。

從修道歷程來看，著作等身、奔波周折的太虛大師，與口才木訥、苦修證道的心道法師完全不同。

學問極其淵博的太虛大師，同時透過學理的論證和建構，再配合實際的行動，用雙管齊下的方式，振興了瀕臨危機的民初傳統佛教，並企圖凝聚海內外的佛教力量，對傳統佛教的體制進行徹底革新。可惜太虛大師的「世界佛教」藍圖，因戰爭而失去實踐的時機，沒有人知道這番苦心到底可不可行？實行後會變成什麼樣子。倒是戰後的世界局勢，讓佛教界不約而同扛起人生佛教或是人間佛教的旗幟，提出更多入世菩薩道的具體實踐，儼然一股勢不可擋的新興氣象。

心道法師認爲不管是具有生命教育功能的水陸法會、啓發生命智慧的世界宗教博物館，或是指引世人停心片刻的禪修寧靜運動，都是一種接引工具。苦修出身的他，不認爲大眾可以投入像他這樣的苦修歷程，也不需要這樣的歷程來代表修行的高深與否，重點是如何將禪修和願力結合，融鑄於日常生活中，提出一套具體可行的人生實踐學。心道法師始終覺得，在訊息紛亂、步調急躁的現實世界裡如何自處？何以處他？是非常重要的二大修行課題。所以，他急於延伸世界宗教博物館成立的宗旨成爲一套可複製的生命教育，或是建立一個人人成佛的菩薩道場，這是他接下來至爲迫切的終身計畫。

心道法師在思考「世界宗教」時，對太虛大師的鴻圖知解甚少，嚴格說來，談不上續承「世界佛教」的遺志。相對於佇立在殘酷戰火中的太虛大師，站在這片「人間佛教」樂土中的心道法師，確實有較足夠的條件，對照緬甸的戰爭經驗和台灣的太平盛世，由此去探索一個更遼闊的宗教世界，去思考如何解決各大宗教紛爭的問題。從歷史的角度來看，心道法師是站在太虛大師的肩膀上，去眺望、去憧憬一個嶄新的宗教世界。不同的時代思潮與背景，卻召喚出相似的宗教志業和使命，心道法師在心中勾勒出「世界宗教」的藍圖，正好遙契太虛大師「世界佛教」的理念。

打從籌備「世界宗教博物館」以來，迅速累積了許多宗教對話、跨界交流的經驗，讓心道法師對太虛大師的遠見更是崇敬有加，也對師承太虛遺志而奔走緬甸及東南亞一帶，最後道成肉身的慈航法師讚嘆不已，他覺得自己雖然是後知後學，但內心緊緊跟隨

「我不敢說師承太虛大師，他是先知，我就是跟著他的腳步走。」

這些大德的步伐，他曾經這麼說過：「我不敢說師承太虛大師，他是先知，我就是跟著他的腳步走。」這樣的決志成就了心道法師理想中的一種飽含滲透力和慈悲心的「人生佛教」，相對於太虛大師因應戰火亂世而來的「人生佛教」，實有一脈相承的意味。

為了落實這番以佛教作為全球宗教的對話平台，進而打破異族文化之間的藩籬，促進世界和平的大願，心道法師不僅要蓋一座「世界宗教博物館」，並且希望以靈鷲山作為在未來推動全球化弘法、培育和平種子的大搖籃。

在心道法師的菩薩道上，世界宗教博物館將成為跟水陸法會似乎是雙軌前進的弘化軸承，但是雙雙又是相互輝映、亦即亦離、不即不離的華嚴志業，只不過前者在思維高度上更顯艱難，以至於一路顛簸，耀眼之餘難掩曲高和寡。

窮和尚的春秋大夢

從一位頭陀行的禪師形象，以及他度盡眾生的慈悲願力，可以順理成章地接連到三乘法教、啓建水陸，畢竟這都是佛家的志業。博物館建設卻是另一種專業，不但很燒錢，而且肯定慘賠，何況博物館的主題又是極為冷門的宗教，而且不是單一宗教，這絕對不是僅僅擁有一山大願的心道法師該做的事。那是一九八九年，一位窮和尚在全台灣最小的大雄寶殿裡所做的春秋大夢。

一座宗教博物館除了展覽宗教文物，又能夠爲天下眾生的心靈和生命內涵，帶來什麼樣的變化或提升？心道法師究竟在想什麼？

心道法師對弘法度眾常常有很另類的想法，在某些理性至上的學者看來，可說是不自量力。在他出關的初期，常有透過口耳相傳而來尋師訪道的有心人，其中不乏好奇的知識分子，也有因信仰不足或偏差而產生的問題：或非正信，或爲神通，或爲生活、考試、感情等等，不一而足，也有因宗教信仰不同來爭辯的。剛剛出關的心道法師成天面對這些千奇百怪、前來「踢館」的問題，經常在思考：該如何幫助這些人？他明白無法單憑一己之力，一一解答眾人的疑惑。透過這些人的問題，他感到一股時代的契機，也愈來愈清晰地看見：未來科技發展的趨勢、全球化的趨勢、人類對信仰的模糊，而且宗教因素極可能持續成爲戰爭的主要藉口之一。更重要的是，面對現下的世界潮流與宗教問題，他也看到了台灣正處在一個特殊的歷史隘口或閘道上，一來這裡從來沒有宗教衝突，二來中國傳統儒釋道文化在這裡一脈香火，這是一個非常難得的時空條件，也是天降之大任，台灣佛教有足夠的能力對世界做出貢獻，進而樹立一個不同凡響的典範。

到底什麼樣的載體可以廣泛接引社會大眾？又有什麼樣的管道，可以在沒有教條壓力下，提供大眾自由自在地學習各宗教知識的機會？宗教之間如何揚棄本位優越感，和平對話與共處？「世界宗教」乃是因應這些思惟而生，而「博物館」看起來是個不錯的載體形式。博物館不像宗教思想明確的寺院或教堂，它可以更自由地接引毫無信仰或不同信仰的人，也比宗教學校活潑多了，一般人都能來參觀。

於是，心道法師提出獨具一格的「世界宗教博物館」計畫。

這個計畫將徹底打破傳統佛教的視野，更進一步挑戰台灣佛教信徒的認知。然而，爲什麼佛教徒要蓋一座世界宗教博物館呢？

作爲一個迎接新時代，甚至是創造新紀元的佛教教團，心道法師思考的是整個佛教在新時代定位的問題，而非一宗一派的興衰。他跳脫以往的宗派思惟，從世界的角度看到佛教發展的危機：佛教傳統內閉式的修練、佛教內部因派系競爭而分化、與世界主流勢力之間缺乏互動對話能力，以及普遍存在的其他宗教的排擠等等，因此他嘗試透過世界宗教博物館，一方面對台灣過於物質化和娛樂化的消費性社會進行啓蒙教育，另一方面則以「世界宗教」（而非佛教）博物館的角色，打開與各宗教或世界對話的管道，共同追尋心靈與世界的和平。

世界宗教博物館宏願的提出，象徵著心道法師以及靈鷲山教團正式邁向世界宗教和平的第一步。「尊重、包容、博愛」是他提出的理念，「愛與和平」是這個計畫最終的目標。

不知天高地厚的宗博計畫

當心道法師向弟子們宣布要蓋一座「世界宗教博物館」時，大夥兒的情緒立即炸開來了，那可是驚天動地的大事啊。十來個出家弟子遂開始共同討論、分工並著手各項籌備與募款工作，大家都沒有想太多，只覺得應該做些有意義的事來回饋社會。靈鷲山這片好風好水，也正好可以接引廣大的因緣來學習佛法。

可是這項龐大計畫一旦實際推動起來，一無所有的窘境便暴露無遺：沒錢、沒地、沒人、沒有專業，或者更明確的說法是，根本找不到適當的專業人物來承辦這個計畫。即使是世界級的博物館專家，可能一時也說不清楚「世界宗教」怎麼與「博物館」展示結合？文物可以展出，理念如何呈現才是困難。尤其，主題是「世界宗教」，並非單一宗教。

爲了實現這個艱難的任務，心道法師與弟子們開始馬不停蹄到處尋訪顧問，走遍全台灣，又走向國際。當時國內專研宗教學的專家不多，對跨宗教的研究並不專精。無論是考古人類學家、社會學家，或藝術學者的意見，也都是局部看法，未能完整架構出世界宗教博物館的輪廓。總之，這個計畫太獨特、太有挑戰性，太史無前例了。既然要籌備，這些問題都只好去克服。誰能有信心完成這個「不可能的任務」？諸多難題中，最令人頭痛的莫過於募款。該如何介紹這個計畫？連專家都搖頭嘆氣，根本不敢想像，法師們也不知道該怎麼辦。

第一任館長漢寶德教授，在開館十周年紀念時回憶起那段日子，一語道破經費方面的難處：「有人傳消息給我，靈鷲山要規劃一座宗教博物館，希望我參與。我聽到後沒當一回事，以為只是想想而已，不會認真。一般說來，佛教團體得到信眾支援，首先想到的是蓋廟。如果有意幫助俗世發展，就會設立學校或醫院。這些都可以得到大眾的支持、讚揚，並且可以財務獨立。如果是博物館，其大眾性就會引起若干疑問，而且創辦者必須長期資助其經營，因為世上沒有博物館是可以收支平衡的。」

當時根本沒有人看好靈鷲山師徒能夠成此大事。

暫時撇開理念的宣揚不談，在籌備初期，很多俗世的事情都超乎出家人的想像，尤其各種法規和經營管理上的問題，幾度動搖了弟子們的信念。至於為何要建世界宗教博物館，而不是佛教博物館，光是這一項理念就很難說服別人，法性師常常為此跟心道法師產生爭辯。靈鷲山教團在博物館專業能力和財力上的嚴重匱乏，引發了內部和外界愈來愈多反對的聲音，心道法師卻異常堅定，他告訴大家：「世界宗教博物館是人類智慧的殿堂，它要呈現的是讓人人皆可成佛的『華嚴世界』，能夠促進世界的愛與和平。」這番話再次鞏固了弟子們的信力和毅力，大夥兒義無反顧地跟隨師父四處演講、募款、請益，到國外參觀各種博物館，這群出家人腦袋裡完全沒有想過「失敗」這兩個字，他們始終認爲只要照著師父的指示去做，沒有不成的。

還好他們不知天高地厚，否則宗博大業老早胎死腹中。

沒有心理負擔的宗教接觸

心道法師的理想並非蓋一座傳統樣式的文物陳列所，而是兼顧宗教文物展出、全球化資訊交流、數位化影像導覽等多重功能的後現代博物館，借用視覺和聽覺科技來達成心靈的體驗，它將是一間前所未見，具備高度互動性的博物館。很難想像，書讀得不多的心道法師的思想居然走在時代的前端，他清楚地意識到知識與科技的力量，要發揮宗教的影響力就得具備「地球村」的國際觀，甚至用愛把它提升成更美好的、沒有隔閡或衝突的一個「地球家」。有了這個硬體作爲平台，才能對民眾開啓高端的生命教育，才能對世界宗教界展開平和的對話。

早在一九八九年，心道法師就認定二十一世紀的文化，將是一種不分國籍和宗教的世界性文化，爲了美化這個「地球家」，至少要有一座，或愈來愈多的世界宗教博物館，一方面讓各大宗教能夠互相了解，並消弭彼此之間的衝突；另一方面結合宗教至眞、至善、至美的精神，讓每一位眾生都有機會接觸到宗教的善知識，進而激發他們的愛心和善念，來感化地球上每一個心靈。

這座世界宗教博物館的運作，將以人類的博愛精神爲動力。

心思細膩的心道法師了解當前社會的問題所在，尤其年輕人的倫理道德教育，令人憂心。他常常在思考要如何提供年輕人一個不必透過教條與儀軌、沒有任何心理負擔的宗教接觸管道。所以宗博館必須具有科技、資訊、休閒、社教等四大功能，用比較動態、而且富有趣味性和知識性的手法，來引導年輕人去了解各大宗教的文化內涵與特質。宗博館也會用資訊對比的方式，把社會亂象跟各宗教的教義與觀點做對比，進而探討社會亂象的前因後果。心道法師相信，年輕人一旦從中獲得啓發或感動，對整個社會的淨化肯定有所幫助。

儘管世界宗教博物館的理念展現無比的價值，社會大眾的質疑始終存在——這件事由某一個宗教團體去籌建，實行起來會不會有所偏頗？心道法師則認爲，每個宗教雖然各有各的特點，基本精神是一樣的，那就是「愛」。他深信，加強交流之後，彼此的分歧自然會淡化。「只有眞誠地溝通，才能彼此了解，消除宗教間的不信任、不協調。」心道法師如此篤定地回應那些質疑的聲音。

徐徐展開垂天的大翼

一九九一年，心道法師成立了「靈鷲山世界宗教博物館資訊籌備中心」，一步一步實踐他的社會承諾。但無生道場依舊簡樸如創寺之初，大殿仍然是全台灣最小的大殿。陸續興建的寮房和禪舍，皆堅守渾然天成的建築原則，只講求實用自然。

雕塑大師楊英風（1926-1997）爲無生道場設計的標誌，表達了心道法師「世界宗教」的理念。圓圈代表地球，橫貫其中的那個像Z的符號就是溝通的意思，那兩個白點分別代表東西方文化，兩者處於一種匯合、交流的狀態。此外，它還有生生不息的意思。當然也可以把它解讀爲兩隻相輔相成的鷲鷹，象徵著現代台灣靈鷲山與古印度靈鷲山的遙遙呼應。

這隻企圖融合世界宗教文化的靈鷲，徐徐展開垂天之大翼。

一九九三年八月，「世界宗教博物館籌備處」成立，爲了加強教團對西方宗教的認識，心道法師經常帶領僧俗二眾弟子遠赴國外參訪，學習不同宗教的教義與特質。從美國、加拿大、英國、德國、義大利、俄羅斯、北非、中東、印度、日本，到鄰近的東南亞，他們拜訪了許多宗教聖地，先後與世界各大宗教以及原始宗教、古老宗教等頻繁交流，也考察了華盛頓猶太浩劫紀念博物館、洛杉磯寬容博物館、加拿大文明博物館、以色列猶太流離博物館、俄羅斯歷史博物館等。這些閱歷不斷開拓心道法師的視野與構想，也一次一次建立與各宗教交流的基礎，世界宗教博物館的層次亦不斷提升，它必須有超水準的表現，才能嘹亮地回應這個浩瀚的宗教世界。

他們曾經到以色列參觀耶穌和穆罕默德得道的聖城耶路撒冷，心道法師在參訪十四站苦路時，每一站都虔誠地祈禱，甚至把頭叩上耶穌誕生處的馬槽。負責導遊的牧師深受感動，忍不住讚美心道法師和弟子們，說他們朝聖的心，比一些基督教徒和天主教徒的心態更盛。正因為他們抱持一顆學習與尊重的心，另一方面也藉此打開本身的宗教視野。

後來他們到紐約參觀一座基督教堂，美國人都很熱情，從長老到教徒無不熱烈張開雙臂、用熱情的擁抱歡迎遠從東方來的佛陀弟子。他們忘了在禮俗較拘謹的東方國度並不流行擁抱，團員們滿臉靦腆地杵在原地，不知如何是好。倒是心道法師很能夠入境隨俗，也自然伸出雙臂「抱回去」。

接下來，心道法師在教會特意安排的演講中提到：「我們今天來到這裡，不是來傳教，而是來和你們做朋友的。」此話一出，登時贏得熱烈的掌聲。演講結束後，這些深受感動的「朋友」，竟然興高采烈地邀請團員們領受聖餐。天啊！佛教徒怎麼可以貿然如此呢？豈不是背叛佛門！不管僧俗二眾全都驚慌失措，很客氣又很用力地婉拒。但沒

——帶領僧俗二眾弟子遠赴國外參訪，學習不同宗教的教義與特質。

用，教會的朋友實在太喜歡靈鷲山的團員，硬是要爲他們領受聖餐，彷彿那是一件必須與好朋友分享的好東西，讓朋友錯過了就是自己的過錯。

心道法師在一旁笑著說：「沒關係，這是對宗教的尊敬。」

「可是一旦領受聖餐了，豈不是對佛祖不敬了嗎？」弟子們還是不太能接受。

「你會因爲尊敬別人的父母，而覺得愧對自己的雙親嗎？修佛就是修心，只要你的心夠清明、夠堅定，你會發現很多事情是不違背佛法的。」

聽完師父的解釋，眾弟子一掃心中的疑慮，歡歡喜喜地排隊。當他們從牧師手中接過聖水時，忍不住異口同聲地問：「師父，可以喝聖水嗎？」話才出口，師徒一起會心而笑，不明就裡的教會朋友們也跟著笑了起來。西方的聖水就在一片歡笑聲中，化作東方佛徒腑臟間的一道甘露。

結結實實踏出了一大步

這些年來，心道法師和弟子們走遍全球各大宗教區域，互相交流，創造了令人感動的友誼，更獲得世界宗教博物館展覽所需的各種文物。爲了揚棄成見，法師們也被心道法師訓練到收放自如、輕輕放下本身的宗教成見與束縛，跟回教徒一起跪拜，跟天主教神父一起吃聖餅。只有尊重和體會，才能眞正了解對方的教義。要建一座成功的世界宗教博物館，只憑遠大的目光和高深的修行並不足以成事，專業的技術和完善的規劃都很重要。

世界宗教博物館最初的位址選在靈鷲山及臨近的腹地，但山林土地的產權取得困難，又受到許多法規的限制，所以基金會轉向先設立台北館，未來還是希望把宗教交流的重責大任放在靈鷲山上。這座台北館是宗教資訊的窗口，心道法師和弟子們請教了眾多國內外的頂尖學者，宗博館的輪廓逐漸成形。一九九四年，透過靈鷲山護法吳家駒建築師的引薦，東家機構董事長邱澤東先生來到靈鷲山，與心道法師會面。雙方十分投緣，他對心道法師淑世度眾的胸襟十分欽佩，毅然捐出約二千餘坪的大樓面積，供台北分館使用。那是一棟規劃中的住商大樓，位於新北市永和區最繁華的市中心，要扮演世界宗教的資訊平台，的確十分合適。

世界宗教博物館總算結結實實踏出了一大步。

一九九六年，籌備處向國際徵求設計，在三百多家設計公司當中，英國的 3D Concept 公司脫穎而出，取得合約。很遺憾的，由於東西方文化的隔閡，致使他們無法準確、具體地闡釋心道法師的理念，半年後終止了合作關係。後來經由江韶瑩、呂理政兩位顧問的大力推薦，於是執行長了意師率領籌備處的同仁，跟設計猶太浩劫紀念博物館的RAA公司進行洽談，說明博物館的展示設計與營運計畫。兩年後雙方正式簽約，工程立刻如火如荼地展開，而館內所有宗教內容的軟體設計，全交給哈佛大學世界宗教研究中心去處理。

心道法師並不是坐鎮靈鷲山上，唾手等待世界宗教博物館的落成，他知道這座博物館是一個全球性弘法志業的「軸心」，是跟世界對話的「窗口」，他必須走出去。對一個世俗學歷不多、卻歷經千山萬水的出家人而言，這份毅力與勇氣眞的非常不可思議。

心道法師做到了，而且做得非常成功。他用約半個世紀的歲月，換取許多人幾生幾世也難以體會的智慧與經驗，卻從不吝於施捨分享。一九九七年九月，籌備處和土耳其 Samanyolu 電視台合辦「宗教對人類與社會之影響」座談會，邀請了天主教、基督宗教、道教、摩門教、天帝教等代表一起討論，向中東、中亞、北非、歐洲同步播出。這個國際傳媒把心道法師的和平信念，傳播到許多陌生的文化區域。

心和平，世界就和平

心道法師對世界和平的努力，跟世界宗教博物館的建設是同步進行的。

一九九九年十二月初，心道法師遠赴南非開普敦參加「第三屆世界宗教會議」，並

在南非開普敦
「第三屆世界宗教會議」的合影。

在會中發表「千禧年的心靈挑戰——希望在世界宗教博物館」和「二十一世紀的佛教——我的思考、體驗和期待」兩篇演說。「二十一世紀的佛教」被大會傳媒定位爲最重要的三場演說之一，心道法師對佛教兼容並蓄的本質做了很好的分析：佛教在過去的歷史中，曾有許多和其他宗教、哲學及藝術相輔相成的事實，這些用平等與和平的方法、用關懷與包容的態度進行交流的經驗，使佛教獲益良多。所以現代佛教仍然要保持這種包容性。心道法師一再強調他不斷致力於不同宗教的學習，同時籌建世界宗教博物館來收藏各宗教的文物與資訊，再透過經典、文物、儀式、藝術的導覽，讓有信仰的人可以在此學到其他宗教的價值與精神，讓沒有信仰的人找到適合他的信仰。這席演說不但表現了佛教本身的深度與寬度，同時也傳達了佛教對其他宗教的尊重。尤其「世界宗教博物館」作為一個倡導世界宗教和平的精神符號，成功烙印在與會的八千一百多位宗教人士心中。

這場充滿包容性的演說引起了很大的回響，南非國家電視台（SABC）特別錄製了一個個人專訪的特輯，針對宗教交流和佛教未來的發展趨勢一一提問。心道法師更具體地闡述了宗教和平的理念，他說如果一個宗教過分排他，不斷想要消滅別的宗教，勢必違背它本身倡導愛與和平的教義，即使最後如願成為地球上唯一的宗教，世人也不會信仰它。每個宗教都有其生存的價值、意義和空間，只有用尊重、包容的態度，才會有眞正的宗教和平。

心道法師隨後參加了本屆大會壓軸的「公約討論」，跟四百位宗教領袖共同擬定一份有關「地球永續生存」的倫理原則。當時應邀擔任心道法師隨身英文翻譯的是《光華雜誌》總編輯王瑩，她以一位基督徒的角色，客觀地記下心道法師跟其他宗教領袖的互動。原來，這不是一場空泛的大拜拜，參與討論的宗教領袖都很嚴謹，他們直接談到不同宗教之間的紛爭和排他性，有人陳述了不愉快的傳教經驗，也有人表示被強迫傳教是很不尊重的行爲，形同思想的侵略。後來越談越尖銳，氣氛也僵到了極點，這時心道法師說了一句：「這是因爲太自我的關係。」全部人靜下來了，紛紛點頭，主席隨即問到如何消除自我？「傾聽，」心道法師接著解釋：「先要傾聽，才能彼此了解。宗教之間就像大海中有不同的魚，每種魚都是魚，各有不同的外相、生態，共存於大海當中。或像是世界上有不同的家庭，每個家庭有不同的成員、想法、生活習慣、背景歷史，但家庭與家庭之間可以做很好的鄰居，只要彼此尊重、互相包容，就不會產生衝突。」這個看似簡單的比喻，卻十分精闢且毫不保留地切中要害，各大宗教只顧著單向地表達自己、宣揚自己，因而忽略了其他的聲音，正是癥結之所在。傾聽他人，可以消弭很多誤會與紛爭，可以讓彼此的內心更加寬闊，更富有包容性。在接下來的討論會中，王瑩興奮地形容說：「只要討論熱烈時，大家都會習慣轉頭看看這位沉默的雄辯者」，「這個人的一切」再次吸引世界各宗教人士的目光，也受到與會者的高度肯定。

南非之行，心道法師先後經歷了數千人的大會演說，數百人的領袖論壇，他還參加了一場由慈濟南非約堡聯絡處主辦的開示活動。心道法師對慈青學員談到行「菩薩道」的過程，如果沒有佛法基礎在背後支撐，一旦遇到困難就很容易起煩惱，或生退道心，甚至是走偏。現場有一位慈青很感慨地說，由於南非長久累積下來的種族歧視問題，讓黑人心裡塡滿了暴戾和不滿，不管如何幫助他們都不會感激，甚至反而受到傷害，這種惡劣的環境要怎麼行「菩薩道」呢？心道法師立即舉了「地藏王菩薩」的例子來激勵大家：「地獄道的眾生瞋恨心非常重，百千劫來連一念善心都生不起來，可是『地藏王菩薩』一點也不氣餒，祂還是不斷地努力，不放過任何時機，這就是『菩薩道』的精神。『菩薩道』的發心是無所求的，是難行能行的，是無怨無悔的。其他心思都是多餘的，只要有心一定會有辦法。」

一九九九年「第三屆世界宗教會議」是靈鷲山躍上國際舞台的重要契機，心道法師爲此行貢獻出一份具體倡導及即將完成的世界宗教博物館計畫的宏願。當時誰也沒有料到早在一九九三年的第二屆世界宗教大會復會的同一年，也正是心道法師爲世界宗教博物館籌備處起跑的同一年，而第二屆與第一屆大會相隔整整一百年才復甦的原因，則是因爲人類陷入兩次世界大戰的百年混亂，剛好也是太虛大師到心道法師正經過的百年佛教發展史。

我來看看我能做些什麼？

二〇〇〇年八月，心道法師受邀參加在聯合國舉辦的「千禧年世界宗教領導和平高

峰會議」，發表爲世界的祈禱文。會後被邀請參與籌組「跨宗教和平小組」。這次不必荷槍實彈穿梭於槍林彈雨之中，他只是不斷用眞心去呼籲，心道法師認爲眞誠、謙卑、傾聽、理解是一切對話的基礎，有了對話才有機會共識，才有可能去撫平充滿仇恨、怨懟、哀慟、恐懼的心靈。當他看到阿富汗塔利班政府假回教之名，摧毀了擁有一千四百年歷史的巴米揚（Bamiyan）大佛，心中的悲痛實在很難形容。心道法師認爲這個舉動破壞了人類

在聯合國舉辦的「千禧年世界宗教領導和平高峰會議」以華語發表爲世界的祈禱文。

文明的信心，也傷害了全世界宗教的感情。

二〇〇一年三月十一日塔利班政權「毀佛」之後，對宗教古蹟保護的憂患意識，驅使心道法師立即與世界宗教領袖聯繫，擬成立一個「聖蹟維護委員會」。千禧年世界和平高峰會的大會祕書長巴瓦．金（Bawa Jain）也響應了心道法師的號召。四月，心道法師先後在日本和香港舉行「聖蹟維護委員會」說明記者會，發布新聞稿，次年五月更率先捐出一百萬港幣協助阿富汗重建大佛。爲了避免「毀佛」事件的重演，心道法師鎖定了巴爾幹半島、非洲、東南亞、中東、南美洲、北美洲等地區，打算親自前往各地，考察各地區聖地古蹟遭破壞的情形。第一站是波士尼亞。

就在八月下旬，一向劍及履及的心道法師，遠赴內戰剛結束的波士尼亞，實地考察聖地古蹟遭破壞的情形。波士尼亞的種族成分和宗教類別十分複雜，原本共存著東正教、天主教、猶太教、伊斯蘭教等教徒，數百年來巴爾幹半島因政權的爭奪而戰亂不止，尤其近年民族主義興起，加上共產黨世界的政治版圖瓦解，各種族紛紛尋求獨立，各宗教之間劃清界線，不同的政權更假宗教之名進行鬥爭，遂產生了激烈的軍事衝突，宗教信仰竟然成爲不同軍事陣營的標誌，一場內戰讓彼此互相殘殺，無以計數的軍民因而喪生，街道兩旁的建築物全是累累的彈孔。兩週內，心道法師和弟子們跑遍波士尼亞，拜會各宗教的領袖，參訪歐洲最古老的回教教堂，以及被摧毀的一座具有兩百年歷史的修女院。心道法師甚至邀請勢同水火的各宗教領袖坐下來對談，大力推動宗教和平的理念，但大家還是弄不明白這個台灣和尚來幹什麼？

心道法師告訴他們：「我來看看我能做些什麼？」

雖然沒有帶著大筆的資金或物資，但是一個佛教徒從遙遠的東方來到這麼偏遠、又常被媒體錯誤報導的戰地，不畏生死地來傳送關懷，從司機、保鏢到記者，都對心道法師表達他們感受到的宗教溫暖。當地一位東正教的銀行總裁，因爲娶了回教太太而傷腦筋，聽說靈鷲山教團正爲波國的宗教和平而努力，二話不說，立刻出資贊助。一輩子飽嘗戰亂的波士尼亞國家電視台記者忍不住問說：「你眞的相信世界會和平嗎？」「只要我們的心是和平的，世界就是和平的。因爲，心和平是騙不了人的，和平的心才有說服力，如果你的心和平，你所做的也會是和平的。」心道法師的單純直接，讓記者的表情從不屑轉變成景仰的眼神。

在離境前夕，一大群當地居民和隨行人員圍坐在大樹底下，認眞學習「六字眞言咒」。心道法師在每個送行人的手腕上繫上念珠，在鏡頭前大夥兒快樂地照相，照了一張又一張。其中有一個據說從來不笑的年輕人，有人說他被苦日子皺壞了眉頭，但他在跟心道法師照相時卻笑了，把愁眉舒展開來。他的親友對心道法師的力量感到不可思議。他們非常希望心道法師所代表的「第三力量」，能夠拯救波士尼亞的宗教紛爭。

「第三力量」正是心道法師致力的目標。

他認為當兩種主張唯一真神的宗教，因教義詮釋或種種歷史種族的問題而產生衝突時，或許「回歸方寸」的佛教就是柔和有力的第三者，可以協助化解衝突。經過波士尼亞的實地考察，以及三個月後一次與宗教紛爭有關的訪談，心道法師和弟子們遂將二〇〇二年全球宗教的交流計畫鎖定在一系列的「回佛對談」。他們選擇幾個重要的城市，邀請當代著名的宗教家和學者一起討論回教與佛教的問題。這將是有史以來第一次，伊斯蘭教與佛教之間有系統的對談。系列對談的構想成形後，靈鷲山的國際志業又多了一件吃重的工作，該如何扮演「第三力量」？將考驗心道法師的智慧和弟子們的能力。

諸神殿堂的落成

經過多次軟、硬體的修正，心道法師的弘化大願終於落實，時間是二〇〇一年十一月九日，全球第一座「世界宗教博物館」在新北市永和區正式開幕。

這個如同天方夜譚的計畫，從一九八九年構思開始，一九九三年八月籌備處成立，到此刻正式開館為止，從頭到尾，恐怕只有心道法師一個人沒有動搖過。這個艱苦奮鬥的歷程比墳塚苦修、山洞斷食閉關來得令人更驚心動魄、更提心吊膽，因為，心道法師

位於新北市永和區的世界宗教博物館。

面對的不再只是自己一個人的修道問題，而是面對一群單純求道的出家人，面對不知所以然的廣大信徒，面對認知上有巨大落差的社會，以及詭譎複雜的世界潮流。護法會的陳松根師兄在開館十年後回憶起心道法師帶領眾弟子和護法會參與建設宗博的過程，忍不住提到當初要佛教信眾從自己的口袋中掏出錢來，去宣揚其他宗教的教義，那是很深刻的實踐經驗：一方面要學習如何跨越宗教的界限，跟其他原本形同陌路的宗教廣結善緣；另一方面，又不能突顯佛教的比重，要讓各大宗教獲得平等的對待。他始終緊緊記住心道法師的教誨：「學佛，是一種讓心量打開的過程。」沒有一顆無私的心，絕對成不了這件大事。

宗博建館所面對的內外壓力是超乎想像的，究竟是什麼樣的力量支撐心道法師毫不遲疑走下去？心道法師說：開館時，眞正支持他的力量，除了觀音菩薩的慈悲救世精神之外，就是世界各宗教領袖他們眞心的共鳴。

早在十年前籌建宗博館時，心道法師已預感人類文明可能有的浩劫將至，開館同一年上半年發生舉世震驚的「九一一事件」證實了他的看法，同時更堅定他爲世界和平而努力的信念。宗博館選在「一一九」開幕，日期雖非故意選定，卻冥冥之中呼應了這個使命，心道法師特將此日訂爲「世界宗教和諧日」。心道法師召開一場「全球宗教聖地古蹟保護委員會」的國際會議，來自全球三十八個國家、一百二十位全球宗教領袖及專業代表參加。他在會上呼籲全球重要宗教、文化、政治領袖，共同投入搶救世界宗教聖地古蹟的行動。

在路人和設計師的眼裡，這座矗立在新北市永和區 SOGO 百貨樓上，有如萬神殿般莊嚴的世界宗教博物館，正像一朵在紅塵俗世中綻放的蓮花，高高凌駕在現代文明的物欲之上。這是心道法師跟全世界宗教心靈對話的窗口，一方面象徵著世界宗教融合的開始，另一方面又成功結合了前衛的數位科技，以及流傳千古的宗教精神，它對人類的影響力才剛剛啓動。

世界宗教博物館除了軟體資訊的展覽，還設有一座文物展示大廳，從歷史發展的脈絡來呈現宗教的演進，也透過宗教和民俗信仰在人類生命各階段的角色，讓參觀者去感悟生老病死，以及各大宗教因應而生的修行方式。這座博物館的展覽區不大，但具有高度的包容性，共分佛教、基督宗教、伊斯蘭教、道教、神道教、錫克教、猶太教、印度教等八個主要宗教區，另有古代宗教（古埃及等）、原住民宗教兩個輪展區。無論是西元一世紀的「佛足石」、古埃及的青銅神像、猶太教的羊皮聖經、梵蒂岡教宗致贈的祝福狀、泰國僧皇致贈的百餘公斤大金佛，每一件文物都來自心道法師長期推動宗教交流的成果，四千件珍藏文物都是極其珍貴的無價之寶。其中還包括由六十二個伊斯蘭教國家所組成的「世界回教聯盟」（Muslim World League，簡稱「回盟」）所贈予的聖地麥加的「天房布幔」（Kaba's Kishiwa）、伊斯蘭教器物、大批文字及影像資料。這是回盟首次破天荒將「天房布幔」送給非伊斯蘭組織。

心道法師有很多伊斯蘭的好朋友，他要呈現伊斯蘭的眞實給世人。伊斯蘭教在媒體渲染之下，常被誤解爲好戰分子，事實上「伊斯蘭」（Islam）在阿拉伯文中的原意是「和平」與「順從」。他們的眞主「阿拉」（Allah）不但慈悲爲懷，還富有同情心；所以《古蘭經》（*Qur'an*）的第一句便是：「奉眞主之名，同情與慈悲並行」。從宗教禮儀到日常生活的各種細節，每個虔誠的回教徒在做事之前，都會背誦這句話；他們的神學理論也都是經過公開辯論而來的，可見理性的辯論在伊斯蘭世界中本是一種常態活動，這一點跟佛教十分相似，所以世界宗教博物館召開的系列「回佛對談」，正好契合兩大宗教的理性基礎。

宗博館的展覽活動。

心道法師非常辛苦地興建了這座諸神的殿堂，也一肩擔起營運之責，又以此爲開放平台來反哺整個社會人心，他不擔心每年都要花自己辛苦募款而來的錢來贊助這些展覽計畫，只擔心這份志業可不可以公平、公開地把各宗教的智慧呈現給世界人類，這份無私無我的大愛為他贏得各宗教的尊重與友誼。

史無前例的「回佛對談」

宗博館開幕活動期間，來台採訪的一位紐約記者問心道法師：如何平息回教文化和基督宗教文化之間的千年紛爭？「我相信，佛教可以在這兩個有神論的宗教之間，扮演一個橋樑或斡旋者的角色。」記者的訪問催化了波士尼亞的經驗，心道法師的答覆，立時轉化成一股信念和力量，行動效率極高的靈鷲山教團，很快地便以世界宗教博物館的名義，開館隔年三月就從紐約開始醞釀推出一系列深具國際視野且史無前例的「回佛對談」，同時禮聘著名建築師、文化學者漢寶德教授為宗博首任館長。

漢寶德館長獨排眾議應聘到位，為宗博開館後注入一劑強心針，也讓心道法師更放心放手讓他掌舵，發揮了七任之久，隨後這位忘年交更榮升為永久榮譽館長，並應心道法師之請轉任宗教文化教育園區的規劃總監。漢館長談起當年籌備期間心道法師曾經來拜訪他，他當時還有其他任務無法投入具體幫助，只能建議宗博入口要保留專用電梯的方案，沒有想到幾年後心道法師果然把館開辦成功，而且不僅保有專用電梯入口，還呈現如此宏觀的博物館，在國際上都屬罕見，他覺得身爲台灣知識分子而沒有及時幫上忙，讓這個高難度的計畫在開館時遭遇波折，內心頗有感觸。

「回佛對談」有別於一般的學術高峰會議，學術論文討論總是流於學術殿堂上的菁英高論，對宗教交流的現實還是處於比較表層和間接的理解。回佛對談則精煉了國際宗教大會那種大拜拜式的公關交流，把對話拉回爭議點，回到土地與人間，讓雙方得以針對核心問題產生實質性的反省、理解和對話。光是促成跨宗教的對話，就已經是絕大的突破。在心道法師的構想中，回教與佛教是作爲對話的雙方，而不是對立的雙方，這個平台還需要基督宗教或猶太教等其他宗教領袖、重量級學者，以及各種和平組織領導人的參與，它是建立跨宗教友誼，促進教義上的互相了解與尊重的一個理想管道。

二〇〇二年三月七日，第一場回佛對談在美國宗教學的樞紐——哥倫比亞大學——盛大舉行，由心道法師、當地伊斯蘭教教長 Imam Feisal Abdul Rau，以及著名的宗教學者 David Chappell 教授、Amiral Islam 教授，進行一場「愛與和平」的對話。心道法師認爲，我們必須去探索各宗教的源頭，去發現共同的眞理，努力促進彼此間的了解和交流，共存共榮，自然可以減少衝突，進而消弭假藉宗教之名所引發的戰爭，讓整個「地球家庭」和諧共處。伊斯蘭教的代表也很認同這一點，他們認爲所有宗教的本質是一樣的，去除「人造」的部分，留下的本質是相同的，眞理只有一個，宗教只是詮釋的問題。穆罕默德、耶穌、佛陀各自在不同的文化時空裡，用不同的語言講述同一個永恆的眞理。

繼哥倫比亞大學之後，五月在吉隆坡，與伊斯蘭教自由鬥士與學者 Dr. Chandra Muzaffar 領導的「公義世界國際運動協會」（International Movement for a Just World）合辦第二場主題爲「回佛對談與新亞洲」（Muslim-Buddhist Dialogue and the New Asia）的對話，由天主教徒 David Anthony 主持，與會的宗教學者還有馬來西亞「認識伊斯蘭教機構（IKIM）」的重要學者 Ustaz Muhammad Uthman El-Muhammady、宗教學教授 Vijaya Samaravickrama。Dr. Chandra Muzaffar 認爲這場對談讓兩個原本不知道彼此歷史和價值觀的宗教獲得一次重要的交流，並且在實際的組織工作方面，能夠結合彼此的力量爲世界宗教和平一起奮鬥，不流於空談，這項成果十分難得。

第三場是七月在雅加達——它是全球最大回教國家的首都。這一場回佛對談由曾旅居印尼二十年的「德國普世伙伴協會」（Worldwide Ecumenical Partnership）會長暨基督教牧師 Dr. Wolfgang R. Schmidt 主持，與「伊斯蘭千禧年論壇」（Islamic Millennium Forum）會長 M. Habib Chirzin、「公義世界國際運動協會」會長 Dr. Chandra Muzaffar、夏威夷大學榮退的佛教與比較宗教系教授 David Chappell 等人共同參與，以「靈性全球化和教育合作」為主題的對談。當時正好碰上印尼國內正在討論將回教列為印尼單一宗教的合法性問題，各方人馬展開激烈的辯論，雅加達傳媒特別報導了這場回佛對談的意義和價值，呼籲大家對宗教多元化問題做更恢宏的考量。後來印尼政府通過以五大宗教——伊斯蘭教、基督教、天主教、印度教（當地慣稱為「興都教」）和佛教——共同列為印尼合法的宗教。或許是眞理是一味的，人心共此一心，這場回佛對談拉近了各宗教的距離，產生了某個程度的推波助瀾作用，使得印尼政府、學者和人民對宗教的多元性和共存共榮，有了更深刻且長遠的政策思考。

在回佛對談風火雷霆地推行之際，心道法師同時思考成立一個以「宗教共榮委員會」為名的國際組織的可能性，進而呼籲所有的宗教拋棄成見、摒棄歷史恩怨，覺知到自我與他者在靈性上都是生命共同體，本著「愛與和平」的理念，一起推動靈性道德，讓純善的天使和慈悲救苦的觀音充滿全球的每個角落，共同創造一個「愛與和平地球家」。這個委員會可視為宗博志業的延伸，另一方面在業務運作上也比較有區隔性。

二〇〇二年六月，心道法師於紐約成立了國際非營利組織「愛與和平地球家」（Global Family for Love and Peace，簡稱 GFLP），並於二〇〇五年正式成為聯合國非政府組織（NGO）之一。GFLP 從「人類永續、地球和平」的目標出發，致力於透過推動靈性教育，匯聚來自全球各大宗教界、政治界、企業界與學術界的世界公民，共同在各領域中組織和推動社會服務與和平運動，希望能啓發一個「愛與和平」的和諧世界，並在此組織名義下，建立國際禪修中心、國際跨宗教青年團體、緬甸養恩孤兒院等活動。自二〇〇三年以後的回佛對談，交由 GFLP 和宗博共同執行，擴大了國際社會的認知。

這一系列的回佛對談，從巴黎、德黑蘭、巴塞隆納、摩洛哥、北京、台北、紐約、墨爾本到拉達克，幾乎繞了地球一大圈，先後邀請了伊斯蘭教、猶太教、天主教、基督教、印度教、錫克教、佛教三乘傳承等世界各國宗教領袖參與對談，獲得深刻而熱烈的回響。

二〇〇三年五月在巴黎聯合國教科文組織（UNESCO）總部舉辦的第四場回佛對談。

特別值得一提的是，二〇〇三年五月五日～七日在巴黎聯合國教科文組織（UNESCO）總部舉辦的第四場回佛對談，一連三天分別以「全球倫理與善治」爲題。這場回佛對談剛好就在五月一日美伊戰爭宣布停戰後的幾天內召開，特別受到聯合國教科文總部的重視，當年大會主席不請自來全程在座聆聽。對談者直指宗教衝突的核心，探討了宗教暴力的構成因素與防治之道、伊斯蘭極端分子面對世界強權或基督教政權的挫敗與怒火，以及國際傳媒在報導上的偏差等等。Dr. Chandra Muzaffar 在對談中說得很坦白：凡是參與本次對談的回教組織都是溫和派的，激進組織都不會來參加，所以我們這些與會者必須把握機會跟其他宗教做更深入的交流，讓別人理解我們，我們再去影響更多的人。他特別提到心道法師，他說雖然兩人有語言上的隔閡，常常靠比手畫腳來溝通，但人與人相處，不必任何言語翻譯就可以心領神會，直覺是可以分辨出眞誠和性靈，心道法師讓他感到放心，是眞正的朋友，他完全感受得到心道法師致力於世界和平與宗教互相理解的巨大誠意，只要跟心道法師開會，他都願意前來。

回佛對談的影響是漸進式的，要啓發共識本身就是一項非常艱鉅的任務，心道法師很清楚，世界各大宗教之間因互相誤解，再加上政客的扭曲和運作，長期累積下來的怨懟與敵意絕非幾場對談就可以化解的，但這是非做不可的千秋大業，只要願意跨出第一步，就有機會往前再走下去，首先透過對談讓雙方更了解彼此，進而釋放善意，建立起跨宗教、跨種族的眞摯友誼，共同爲維護世界和平而努力。Dr. Chandra Muzaffar 和眾多與會者都成爲與心道法師志同道合的摯友。

二〇一二年，第十三場回佛對談重返雅加達，這次的講題是「全球化時代宗教的責任與使命」，探討在全球化的時代下，人類的生存將面臨許多新的挑戰與威脅，這讓人們的心靈徬徨不安，也變得功利與偏激。

心道法師在會議中指出：宗教是人類信仰的依託，它的使命與責任是讓全人類能夠因爲信仰而過得更好，讓人們在世俗與神聖之中，能夠找到一個可以服務生命、奉獻生命、圓滿生命的角落，讓他們的生活與生命，因爲宗教而有了方向與意義，讓人與人之間因爲宗教而產生了聯繫，成爲一個大的信仰共同體，合力來面對、解決各種發生在我們身邊的各種苦難或挫折。各大宗教之間不應該產生衝突或戰爭，那不是宗教的原創意圖，大家應該相互合作共榮，讓宗教成爲人類平安、地球和諧的重要推動力量，而不是衝突對立的根源。

此後十餘年間，心道法師爲了推動回佛對談四處奔波，他最希望做到的是：透過這個跨宗教的交流平台，讓那個被世界強權扭曲的回教世界發出眞實的聲音，同時呈現佛教的「華嚴世界」思想，與之相互激盪，共同探討和平相處之道。心道法師特別強調「包容」的重要。

人類歷史上所有的宗教衝突，主要來自對彼此教義的誤解，所以要倡導「包容」，倡導「共同創造互生空間」。在心道法師眼裡的包容並不等於忍讓，因爲忍讓只是暫時性的，並非眞正的和諧，眞正的包容是「互濟共生」，充分了解彼此存在的意義，就不會僅僅停留在忍讓或息事寧人的層次。心道法師不忘強調：所謂包容，必須以公義爲前提，惡行則交由法律來懲戒，或交由宗教來教化。包容的根本精神即是慈悲，慈是悲憫，悲是拔苦，「悲憫」與「拔苦」正是包容的內在價値。一旦所有的宗教都了解彼此的教義，懂得互相尊重，才能夠包容對方，共同創造出一個互生空間。

伊斯蘭教的友誼

佛陀在還沒有證悟之前，曾經學習過九十六種宗教，祂並沒有排斥任何一種。尊重其他宗教，是佛教徒最基本的態度。

心道法師在當兵時就認識了一位穆斯林，部隊裡只有他倆是吃素的，因此特別投緣。心道法師也常常在大小事上獲得他的指導，所以一直很感恩。從那時候開始，心道法師跟伊斯蘭教就有了很好的緣起。後來爲了籌建宗博，一行十七、八人去參訪土耳其的「拉曼」回教組織，受到熱情的款待，對方還準備了非常豐富的異國美食，說是一定

上：二〇一一年「世界回教聯盟」秘書長涂奇博士（H. E. Dr. Abdullah bin Abdul Mohsin Al-Turki）到宗博與心道法師進行跨宗教的交流對話。

下：二〇〇九年世界回教聯盟於西班牙馬德里王宮舉行「各大宗教對話國際論壇」，特邀心道法師出席，爲大會唯一佛教領袖代表，並於會中跟沙烏地阿拉伯國王（左三）交換意見。

要讓客人吃出個陽台來（撐出肚皮）才算是待客之道。從那時候起，心道法師跟「拉曼」組織便建立起跨宗教的情誼，十餘年來關係都很密切。日後，因宗教交流的關係，心道法師發現伊斯蘭教的參拜跟佛教的打坐感覺十分相似，兩者的磁場都是一樣的沉靜。

透過宗博長年累月的國際交流活動，以及一系列的回佛對談，心道法師對伊斯蘭教有了更深刻的了解，他知道很多歷史包袱及國際負面形象讓伊斯蘭世界蒙受莫白，也逐漸體會、了解伊斯蘭教對眞理的追尋。從他認識的眾多伊斯蘭朋友身上，心道法師感受到大家的友善、眞誠，以及對世界和平的渴望。然而，不同宗教之間總是存在著某些隔閡，很容易在無意之中觸犯對方的禁忌，所以一定要放下身段，尊重彼此的教義，以及由此衍生出來的生活細節。最初，心道法師跟中國回教協會馬孝棋秘書長剛開始認識的時候，彼此都有些忐忑，後來熟絡了，馬教長還變成老師把一些回教規矩教他，心道法師不但接受，也很高興，他覺得對方當他是朋友才肯眞誠坦白告訴他，這其中包含一種互相學習的雙向智慧。

心道法師不斷強調，在對應各大宗教的時候，應該以全球和平共識爲前提，讓智慧與慈悲來延伸互動的經驗，才不會因爲落入教義詮釋上的差異而加深隔閡與誤解，最終導致令人遺憾的爭議與衝突。所謂的差異，在他看來也不過是文化詮釋、宗教禮俗上的區別罷了，其一切呈現，都應視爲是眞理的花朵。

寧靜運動，禪修的極大化

世界和平並非一蹴而就的事。在推行回佛對談的同時，心道法師在思考如何將個人化的禪修，轉化爲眾人共念的心靈和平工程。於是就有了以簡單禪修，作爲個人心念管理的「靈性回歸」，是爲「寧靜運動」。

心道法師有感於地球環境丕變，要找到方法讓人心沉靜下來，因此他常說「定而後能靜、靜而後能安、安而後能慮、慮而後能得」，這是老祖宗的智慧。但是現代人往往汙染源很多，雜務太多，要勸一個人靜一下都難，何況應對大眾，要他們肯花時間、大老遠跑到寺院裡，而且願意參禪閉關一段時間，還眞是談何容易的事。心道法師覺得要主動走出去才行，他把高深的禪修變成「一分鐘禪」的五個簡單口訣：「深呼吸、合掌、放鬆、寧靜下來、讓心回到原點」，讓一分禪可以變成心念或情緒管理的方法，也方便推到學校去實驗。還有「九分禪」，也就是一天禪修三次、一次九分鐘，這是人人可爲的生活日用簡軌，都會人還可以就近到講堂參加「平安禪修」週期帶狀課程，這樣養成習慣以後，大家都不假外求，當下可以受用方便，「每年萬人禪修」則意味著讓有識之士凝聚共識與能量。這是心道法師對社會能量如何轉換的期許，也等於是設計一個菩薩道的循環圈。

右：二〇〇三年在宜蘭羅東運動公園舉辦萬人禪修。
左：寧靜運動，即是禪修的極大化。

在心道法師看來，佛法生活就是要從內心開始改造，唯有改造了自己的心，才有說服別人、感召別人的能量，才有辦法眞正做到和諧社會、和諧世界，否則和平只是假象，流於口號，反而引起其他的爭端和後遺症。心道法師自覺得益於禪修的寂靜能量，才有源源不絕的弘法志業，所以他要啓動大家內心的能源，分享這份平安喜悅。二〇〇三年靈鷲山在宜蘭羅東運動公園舉辦萬人禪修，這場寧靜之道持續了三年，二〇〇六年為了配合心道法師的大閉關，回到總本山舉辦兩年。二〇〇八年更將萬人禪修擴大為「全民寧靜運動」，於台北都心大安森林公園舉辦。讓台北「寧靜」下來，讓人間以心匯流、連結起來，這個「寧靜迴圈」正在各地默默醞釀、靜靜迴盪。

心道法師認為治世的根本在於心，所以，心和平，世界就和平；心寧靜，世界就寧靜了。

這些年，心道法師跑遍世界去推動和平的理念，他

愈來愈感覺到地球被擾動得極不寧靜，自然生態不寧靜，國際不寧靜，社會不寧靜，每個人心都不寧靜。不管是在世界各地什麼時空角落都有不寧靜的徵兆，這是全球性的災異，範圍之廣、影響之深都超越過去的歷史，不寧靜是來自很多念頭紛雜、很多欲望流竄，在有限的資源或空間裡發生衝撞；不寧靜是心病，無藥可醫，除非自己覺醒；不寧靜是因爲人心被貪瞋癡所充塞，根本沒有心思去聆聽對方，更不用談了解和包容。由於個人的心病、不寧靜，產生了人際或社會層面的衝突，甚至是國族之間的戰爭；由於全人類內心的不寧靜，對地球予取予求而嚴重破壞了自然環境，導致大自然對人類的反撲。加上資訊發達、媒體渲染，心病就像傳染病一樣，一發不可收拾，最終自然是惡性循環、雪上加霜的生態災難關係。如果我們能夠找到問題根源，回到源頭，寧靜下來，心不外求，內心和諧了，世界就有和諧的轉機了。

心道法師對這個高度數位化、資訊化的現代社會生活，深表憂慮。這個時代的資訊太多、意見太多、想法太多，我們無法處理這些氾濫成災的思想毒素，除非找到方法，而且找對的方法，設法寧靜自己的貪婪、無明、憤恨，設法給自己寧靜的空間與時間，用寧靜消化自己的想法，降低資訊干擾，不要尾隨外在的現象盲目起舞。唯有眞正做到內心寧靜的時候，才能看到外在的寧靜，和無限遼闊的可能性。有了一顆歸零的心，才能眞正達到寧靜，才能聆聽不同的聲音，包容不同的事物。

寧靜運動可以從三個層面來了解：首先是每一個人的心。現代社會種種亂象是因爲心的不寧靜，造成彼此之間的衝突與爭執，讓身心寧靜下來，才能找回自己的本來面目。其次是自己與外界的和諧，包括各種社會關係，也包括與各宗教和民族之間的衝突轉換。心道法師推動「回佛對談」，就是建立溝通的橋樑，讓大家先冷靜下來想想看，試著釋出誠懇、展開交流、傾聽理解，甚至建立友誼。當激進的一方也寧靜了，可以坐下來對話、協商解決爭端，和平就有希望。最後更是要喚醒人類與大自然的連繫，也就是地球的環保。心道法師說：要地球的寧靜，就是要停止對萬物的殘忍與破壞。人類就像一個過動兒，躁動不已，一動就吵到別人，結果是萬物一起躁動，掀起諸多因貪婪而產生的環境破壞。寧靜下來，才能夠從中找出世間萬物跟人類的關係，找出和諧共存之道。

二〇〇九年七月至十二月，心道法師先後出席瑞士「禪、卡巴拉及基督宗教的神祕主義」國際會議、以色列「第四屆以利亞宗教領袖會議」，以及墨爾本「CPWR 世界宗教大會」，他都適時在會中主動示範寧靜手環的使用，引發大家興趣，然後帶大家體驗「寧靜一分鐘」。國際宗教大會副執行長暨夥伴城市會議執行長莎賓娜・聖地雅歌（Zabrina Santiago）讚嘆心道法師的創意貢獻：「寧靜」可以這麼簡單會心、隨處可及，大家都做得到的，只要你願意。心道法師希望大家都以寧靜爲樂。

心道法師在會議中說：「寧靜」是和平的泉源，是孕育一切生命的根源，是新生的力量。透過寧靜運動是「當下即是」的內在和平，寧靜軟化我們內在的固執僵硬，讓我們消融外在的衝突與矛盾，再進而擴散到家庭、社會、國家，乃至整個的世界，這就是寧靜的迴圈。

這項全球性的寧靜運動，其實是個人禪修的極大化：經由轉動一個心念，即可衍生出連鎖性的能量和影響。

斷食閉關，回歸本山

當年發願追隨觀世音菩薩的年少承諾，冥冥中演繹了心道法師往後的數十年，為和平的啓示奔走於世界各地的命運。連他自己也不去想究竟還有多少工作等著他去推行，除了每月定時的閉關修行之外，國內外的各種會議、弘法活動，時間早已排得滿滿的，當他風塵僕僕地踏上吉隆坡或雅加達國際機場時，下一站行程即在催趕著，有時上午還在四十度高溫的仰光大金塔，晚上已經到了有沙塵撲面的北京。一旦發生類似南亞海嘯的災難，或任何地區的地震，心道法師都會要各地弟子迅速集合各種力量來幫忙。南亞海嘯發生在宗博館慶國際會議之後的一個月，斯里蘭卡國會議員索比塔立刻帶著重建計畫飛到台灣找心道法師，心道法師當天立即為此號召九大宗教團體聯合勸募記者會，讓各宗教有了第一次難忘且成功的合作經驗，心道法師實際參與了每一項災民生活圈的規劃工作，讓十方善款產生最大的效益。

靈鷲山多元的國際弘法行程，也讓每位弟子都覺得一天必須當好幾天來使用。這些心力能量從哪裡而來？怎麼能夠平衡？

心道法師的教育是把「承擔」與「放下」當成是修行天秤的兩端，縱使有永遠做不完的事務，卻又必須具備「隨時放下」的能耐——所以心道法師才堅持每年四次的內眾「禪十」或「禪二十一」，還有每週一的「封山精進」。他常告誡弟子說：閉關是心的訓練場，是沉澱身心必須下足的功夫，沒有這種寧靜轉念的能耐，有時只會愈處理事情愈糟糕，無法面對與承擔擾嚷的人情世故。在信眾眼裡看到的永遠是一派天眞自在的心道師父，即使密密麻麻的行程從未休止，他對弟子在修行上鐵律一般的要求也從未放鬆，可是經年不息的綿密行程下來，無論對個體或教團還是會形成某種程度的耗損。

二〇〇六年，心道法師決定從二月十二日起閉關一年，休養生息，也讓大家沉澱、回歸。

這次大閉關如同在高速行駛下踩煞車，是不是有必要呢？心道法師是這樣說的：「我從上一次閉關出來後，多數時間都在和大眾接觸，很少有時間給自己好好的修持。

我想，這二十幾年的弘法利生，需要整理一下，回歸本山。出關二十年了，過去一直往外、往外，建世界宗教博物館、爲了讓社會更安定、人心能和諧，我們出家人出了家，只要一直往外，就沒有一個根，到最後就會生煩惱，生了煩惱，就像個俗人一樣。跟著我的四眾弟子們也是這樣，十幾年來一直在籌建博物館，忙到沒有自己的修持，忘了自己是佛教徒。所以，我要回到叢林的行持，這一定要開始。叢林的制度、道場的精神、宗風的傳承，乃至組織、人才都要儲備、調理，所以我先回來，回頭來重整本山。從修行作根本，再創造弘法利生的能量，先從我自己開始回歸，使弟子，無論出家在家，都帶回到以修行爲主的眞心。」

心道法師上一次的斷食閉關在一九八三至一九八五年，是開山前，如今相隔二十一年再度入關。這回的大閉關先後歷經了四個關房，最初在山上的八角亭關房，短暫禪修了一段時間，接著遠赴仰光，到剛完工的靈鷲山緬甸國際禪修中心持續閉關，心道法師每天從禪修中心走到仰光大金塔繞塔、禪修。直到觀音殿進入最後的竣工階段，心道法師才返回靈鷲山，以觀音殿爲關房，持續修法，並且開始作斷食，直到出關。觀音殿的緣起是閉關前幾年心道法師曾經夢見在這座觀音殿的位置有兩層玻璃圓球，夢中他在圓球裡很辛苦，心想會不會「死」在那裡？觀音殿關房的球型穹頂隱約依夢境的顯示而築。最後一段，心道法師轉移到狹小的地藏殿塔中，這時心道法師已經瘦了十幾公斤，此處也是靈鷲山地氣最好的地方，在此處修法可以安土地。

地藏殿的閉關期間，心道法師在某一晚的夢境中瞧見天上有五隻大鵬鳥，其中一隻在降落時爲了要避開地上吱吱喳喳的麻雀，滑一跤又站起來。這夢兆意味著回遮一切障礙轉吉祥，也代表大閉關的緣起將會開創下一階段弘法更圓滿更順利，也會讓四眾弟子

上：在地藏殿閉關，這是靈鷲山地氣最好的地方，在此修法可以安土地。
下：以觀音殿爲關房，持續修法，並且開始斷食。

的運轉更和諧。

心道法師原本沒打算斷食，閉關前的一個月在緬甸舉辦「供僧」時，碰到一位鄧居士帶來的雪山蜜巖，心道法師覺得緣起很好，便決定以蜜巖水斷食。蜜巖猶如之前的百花丸支撐了心道法師的法體度過關期的危險。他每天吃一次，過午不食，頂多口渴時喝喝水，閉關一年下來整整瘦了二十幾公斤，精神卻非常好。

從繁忙的生活頓然抽空，心道法師覺得眞正的難題還在攝心。剛開始的時候，心有點拉不回來，總還放不下責任，幾乎拚了老命，這趟爲了「從心歸零」，他主修「觀音法」，從日常修法中，固定幾座開始收攝。

心道法師這次大閉關有兩大心得：一是放下、回歸眞心；其次是與大自然相容無礙、回歸自然。

心道法師認爲修行最重要是要照顧這個心，如果修行人迷失了這個根本，不管做了多少事不過是幻覺造業，與俗人無異。每個人及其所身處的現實社會是一個無從切割的共同體，我們的身心靈與社會現象也是息息相關的，尤其身處在現代這種功利拜金和奢華消費的風氣底下，這顆永無休止地追逐名利和物質享受的心，特別容易生病，所以修行人一定要很重視「觀照心」，即使不修行的人也是要管理訓練這顆心，心的管理是普世的問題。他再三強調：「治心」最好的方法是常常要禪修，其他都是治標不治本，把心拉回到自己的「本地風光」，才有做人的享受。千萬別盲目隨波逐流，在物質享受裡浮浮沉沉。他說：「心回歸到心，是一勞永逸的滿足。」

先經過戰火的洗禮，再走遍全球五、六十個國家的心道法師，常常感到高度資訊化的商業社會對人的感官刺激負擔很大，整天尾隨著令人眼花撩亂的即時資訊轉動不休，常把幻相誤以爲眞，過於貪戀、執取，逐漸離開了心靈本質，最後成癮、成病，不但迷失原點，更是躁亂不已的「過動文化」。反觀過去農村時期的人，跟大自然十分親近，即使獨自一人在大地的懷抱中也非常快樂。在心道法師看來，大自然就是佛法，從「相容無礙」的大自然中，人心會得到全然的療癒，回歸眞心、回歸自然，重新體會人與自然的關係，就會回復我們的愛心與人性。

心道法師在出關時向四眾弟子開示：「這趟閉關，就是回歸，儲蓄能量再出發。我先帶頭做，做祈禱，加持信眾弟子，把大悲緣起做好。我們佛弟子最希望的是什麼？就是把善業傳承下去，把所學習的佛法傳承下去，不要說死了就沒有了。所以，我們創造聖山，就是創造傳承，就是創造生生世世的福祉和智慧，讓它可以流傳千年，在整個輪迴當中，讓我們都有機緣環扣在這種正業、正念、正法上。這就是建設聖山最重要的目的。」

在這趟閉關，心道法師感覺是再一次的開山緣起。他以「啓運清淨道，廣開甘露門」作爲四眾的勉勵。推動「華嚴聖山」計畫，創造一個人人成佛的華嚴世界，遂成爲靈鷲山下一個階段發展的重要理念。

「華嚴世界」是「緣起成佛」的工作

心道法師對「華嚴」有一番獨到的心得與詮釋。「華」是一切差異即圓滿的智慧，「嚴」是排列組合的呈現，宇宙萬物都是用智慧組合起來的，所以「華嚴」不是指一個特定的地方，宇宙的呈現，就是「華嚴」。華嚴不是因爲佛證悟了才存在的，其實華嚴世界本來就存在了，只是佛證悟後再告訴我們怎麼去證悟？怎麼去持續？讓心入法界呈現一個生生不息的華嚴。

心道法師在他的閉關日記和各種弘法場合中，常常以華嚴世界來發揮，這份工作不是成佛以後才做的，是我們當下都可以做得到的。他常告訴信眾：《華嚴經》主要是在講述重重無盡的佛國淨土，以及成就佛道的方法，所以華嚴世界是一個「緣起成佛」的工作。以佛法利益他人，就是要「悲心周遍」。當我們讓一切眾生都能夠生起菩提心，

——心道法師要將靈鷲山建設成一個「緣起成佛，悲心周遍」的華嚴聖山。

就是讓一切眾生都能夠具足成佛的因的時候，這個世界也就會如同華嚴的「一花一世界，一葉一如來」。其實我們的心，就是華嚴，華嚴世界就是心所顯現的種種因緣和變化。每個人要發心成爲一顆成佛的種子，然後將這顆種子播灑出去，啓動每一個人的菩提心，一起耕耘這片華嚴淨土。

在心道法師的願景中，世界宗教博物館是第一個表達「愛與和平」的志業，它是一個廣結善緣的地方，接下來他要延伸的是宗博理念的心靈福祉的工作。如今宗博已經成爲推動愛與和平、全球倫理的重要平台和根據地，應該要善用它，以達成更廣大的利生事業。如同心道法師閉關時所強調的「回歸本山」，要將靈鷲山建設成一個「緣起成佛，悲心周遍」的「華嚴聖山」。這一個以總本山建設爲主的「華嚴聖山計畫」，包含了總本山宗教文化教育園區、大禪堂、研修學院、和平大學等計畫，與福隆聖山寺金佛園區，以及尼泊爾、緬甸、科州、加拿大等國際禪修中心及各地講堂中心，三者環環相扣串連成靈鷲山的全球修行網絡。

心道法師爲漢寶德導覽並講解聖山計畫。

這個計畫是爲現代人鋪設一個修行的康

莊大道，符合禪宗「當下即是」的理念。華嚴世界即是大同世界，華嚴的目的就是和平、大同，就是以地球一家、世界和平，來創造華嚴、推動華嚴，釀造這和平的緣起。這次回歸再出發，讓心道法師覺得靈鷲山的出現，就是爲了做這件事，這是召喚使命。

現代「那爛陀」的宏願

靈鷲山作爲一座佛教道場，心道法師在完成建設世界宗教博物館之後，成功打造出一個基礎的實踐平台，這是他此生和平志業的第一個階段。在草創時期，他即開始構想如何建構一個講究實修、教育、培養和平種子的「學修並行」的大學，進而探討全球性問題的根源，找到和平的基因，創造和平的機制，甚至去落實解決方案。這是一所專注於研究世界和平因素和方法的大學，這樣的學校可能迥異於一般學科式的大學，心道法師以古代那爛陀寺（Nālandā Vihāra）作爲最佳範本。

二〇一二年三月，由心道法師親自率領兩百名信眾所組成的「印度朝聖團」展開十一天的朝聖之旅，其中一站便是那爛陀。這是心道法師第三度帶團來到印度朝聖，每次踏進那爛陀這片廢墟，他的內心總是充滿感慨，他在思考當代再造那爛陀會是如何。

當心道法師和兩百位弟子頂著北印度三月的豔陽，穿過赭紅色的舍利弗塔、講經台和僧房，大家都忍不住去遙想《大唐大慈恩寺三藏法師傳》裡形容的那爛陀景象：「庭序別開，中分八院。寶台星列，瓊樓嶽峙。觀竦煙中，殿飛霞上。生風雲於戶牖，交日月於軒簷。加以淥水逶迤，青蓮菡萏。羯尼花樹暈煥其間，菴沒羅林森竦其外。諸院僧室皆有四重重閣。虯棟虹梁，綠櫨朱柱。雕楹鏤檻，玉礎文棍。甍接搖暉，榱連繩彩。印度伽藍，數乃千萬。壯麗崇高，此爲其極。」

那爛陀傳說起始於二世紀的那爛陀寺，於西元五世紀逐漸形成大學規模，是古印度佛教的最高學術聖殿，位於古摩竭陀國王舍城附近，此處聚集了當時修行最深、學問最大的眾多高僧，更收藏了九百萬卷的珍貴藏書，在七百年的寺史上，可以發現龍樹、世親、無著、寂護、蓮花生等多位偉大的佛學論師，都曾經在此修學或擔任寺中要職。盛名遠播的那爛陀，吸引了蒙古、西藏、爪哇、緬甸、中國等亞洲各國的著名僧侶或修行者，他們不遠萬里負笈前來，或求道修行，或講學論經。在最鼎盛時期，那爛陀寺每天都有一百多個講壇，學習課程包括大乘佛典、語言學、邏輯學、天文學、數學、醫藥等，常住的僧侶約四千人，其中精通三藏的宗教師至少一千多人，來此學習大小乘教的更多達萬人之眾，但欲入學者必須通過由博學大德擔任「護門」的面談口試。由此可見，那爛陀寺是讓已有一定程度的僧侶深造之地，用現代的概念來檢視，形同一所國際性的專研各派修行的大學城。直到一一九三年被突厥軍隊攻陷、摧毀爲止，那爛陀一直

每次踏進那爛陀這片廢墟，他的內心總是充滿感慨。

都是世界佛教的中心。

復興「那爛陀精神」，打造出具有全球視野的和平大學，是心道法師的下一個夢想。

宗教是和平的種子，和平大學的基礎，應該是一所世界性的宗教大學。以佛教部分而言，這裡將期許可以包容佛陀的全方位教育，融攝南傳佛教、漢傳佛教、藏傳金剛乘的重要傳承，讓想修行的人能有一個大因緣的地方，可以有系統地學習佛法。這所大學也要同等重視其他重要宗教的文化傳統與教義，還得包括社會學和生命科學等知識，它的學科設計必須有廣大的包容性和系統性。唯有如此，再經由解行並用、學修並行來完備一個和平種子的訓練，這樣的和平種子不只是一般傳統的傳教人才或弘法人才，他們將來必須能夠獨當一面，可以轉動世界和平的齒輪，讓這個世界免除於戰爭和毀滅。唯有在這樣的教育理念下，這座大學才會擁有一種跨宗教、跨教派、跨學科的恢宏格局，否則在普世大學教育已經非常普及的今天，何必要再多蓋一所呢？

爲此，心道法師目前在宗教博物館計畫的延伸下，所做的「愛與和平地球家」的各項努力，包括「回佛對談」的經驗、緬甸教養計畫，以及正在各地禪修中心串連的「全球寧靜運動」的最終目標，才有了這個水到渠成的藍圖。

這所和平大學目前還在醞釀階段，依照心道法師前行做足的功課、行腳軌跡，與各個宗派傳統多生多劫累積的善法緣來看，可以肯定的是，要催生這樣一個大修行場域不是毫無跡象可循的，它也不會成爲一所傳統學制下的宗教系所的學習，因爲心道法師堅信：唯有「學修並行」，才能訓練出既有修行、又有學問的傳承之才。現有的一般大學或宗教系所在方法論上就無法環扣到實際修行內涵，只是學術的訓練，這樣的學生一旦遇到修行上的問題，也僅限於紙上談兵，用不上力道，抓不到眞正的生命核心。還是那個關鍵：非但要相信自己所學的，更要實踐自己所說的，修學要「一體成形」，否則學位再高也無法碰觸眞理的核心，一切皆淪爲空談。

這樣的計畫也許符合世界佛教徒眾的期盼，這可不是單一教派的一般志業而已，或者應該說，它是這一代佛教徒要爲下一代人努力的千秋大業。

我這一生就沒有白來了

面對這一場明知不可爲而爲之的天方夜譚，面對復興那爛陀大學的種種艱難，心道法師比誰都認眞，都堅定。

自一九八三年在福隆海邊一座不起眼的山角開創靈鷲山以來，心道法師已經完成頗爲不可思議的幾項弘法任務，包括年年啓建規模最大的主題性、國際性的「水陸法會」，全球首座理念型的「世界宗教博物館」，設立「愛與和平地球家」國際組織，推展了史無前例的「回佛對談」系列，還有與和平大學結合的「宗教文化教育園區」計畫（即華嚴聖山建設），這些都是心道法師開山以降至今三十年所展現的成果。這些計畫看似前後相繼，卻幾乎都是同時並現的力道，每一步都是艱難得令人望之卻步，任何人剛看到或聽到他的計畫時，心裡都會浮現四個字：「怎麼可能？」

靈鷲山背後一向少有大財團的支持，沒有雄厚的支援體系，有的只是心道法師生活中互動往來的忠實信徒與尋常百姓，還有心心念念中回向的無盡緣起，他沒有放棄過任

何一個緣，也沒有浪費一分一毫的時間。

目前所想到的計畫都是巨資，不曉得心道法師是否估算過這場「二十一世紀那爛陀大夢」這樣一所大學所需要投入的資源？但是心道法師說自己「從來不擔心」，因爲佛菩薩安排好的路，一切都會準備好，他只是手腳，去把菩薩要做的事做出來而已。

只要去過靈鷲山的人，很難不去憧憬就在這個壯闊的太平洋畔、雪山山脈頂巔交界處，可以建設出這麼一處和平園地；很難不令人憧憬於各宗派的大師與傳教士、修行人和研究生，正穿梭在山嵐、海潮音、岩石小徑之間，追求生命的眞理，研討和平的方略的景象……。當心道法師步履翩翩地行走在古那爛陀廢墟時，如同傳承預見中所顯現的——心道法師曾經就是那位轉世在那爛陀的學僧達摩穆札尊者，今生的示現也許只是履行前世的願力與承諾。靈性串聯起無盡的可能，這是「華嚴世界」的珠玉網絡，也是心道法師用實踐娓娓道來的故事。

心道法師的毅力強大得超乎常人的想像，他總是在人家還來不及驚嘆時已經完成許多不可思議的事。他是這樣跟弟子說的：「我的夢想，也是大家的，靠許多人一起發願、喜捨，一起推動。能夠建設出這樣的一所大學，讓下一代都可以享用得到，我這一生就沒有白來了。」

心道法師
暨靈鷲山大事年表

1948.10-2013.04

一九四八年

・十月，誕生於上緬甸臘戍省賴島珊區的賴坎村，取名楊小生。

一九五〇年（二歲）

・替母親接生了妹妹楊小苹。

一九五二年（四歲）

・父親楊小才遇害，母親李淑貞抱妹妹離家，從此音訊全無，楊小生交由姑姑照顧。

一九五四年（六歲）

・姑姑病故，跟隨姑父尹湖南開始山間流浪的生活。

一九五五年（七歲）

・姑父續絃，生活愈形吃力。爲怕造成姑父負擔，多次出走，以打零工維生。

一九五七年（九歲）

・偶遇一軍人，以讀書爲誘因鼓勵他離家參加游擊隊，長官改其名爲楊進生。

・軍旅中，目睹小乘羅漢飛越水潭的聖蹟。

一九六一年（十三歲）

・一月，參與滇緬山區的大規模游擊戰，受命攜帶彈藥，在槍林彈雨中感到生死的無常與戰爭之殘酷，立誓救世救民、尋找和平的途徑。

・三月，隨孤軍撤退來台，進入成功嶺整編的「幼年兵中隊」。

一九六三年（十五歲）

・年初，插班進台中潭子鄉新興國小四年級正式就學。學期結束後，隨軍轉駐桃園，於大溪員樹林國小跳讀六年級。

- 初聞「觀世音菩薩」的聖號，並受教持誦〈大悲咒〉，奉觀音爲上師，開始吃素。
- 結識了遠光法師和常緣法師，在潮音寺開始學佛和禪修。
- 決心以修道爲志業，遂在兩臂及身上刺青。

一九六四年（十六歲）

- 國小畢業後，考上桃園縣龍潭農業職業學校。

一九六五年（十七歲）

- 轉讀關西初中就讀初二。
- 吃素之事在學校裡傳開，獲「齋公」之名，因此認識一貫道點傳師謝鳳英女士，並認謝女士爲乾媽，得其接濟，開始接觸一貫道的教法。

一九六六年（十八歲）

- 考上桃園縣中壢市龍崗第一士官學校。

一九六七年（十九歲）

- 與李逢春二人合組「梅盟黨」，企圖以竹筏渡海潛回緬甸，展開革命救國的籌備工作。竹筏翻覆後被抓回軍營，原本無罪，但爲求卸除軍籍，故懇求法官加重量刑，最後如願獲判入監八個月。

一九六八年（二十歲）

- 退伍後開始工作，先後歷經十一種行業，深切體驗社會基層的生活實況。

一九七二年（二十四歲）

・摯友李逢春因罹患尿毒症而身故，頓感生命苦短與修道之可貴，毅然出家修道。

一九七三年（二十五歲）

・農曆九月十九日，觀音菩薩出家紀念日，楊進生正式在佛光山剃度出家，字號慧中，名爲心道，進入佛光山叢林大學。

・於法雲寺受三壇大戒時，得到主修密亦學禪的戒兄仁海法師傳授「默照禪」心法。

一九七四年（二十六歲）

・八月中旬，告假離開佛光山去照顧因胃出血住院的遠光法師，借其蘭花房修習「十二頭陀行」。

・十月十五日，在日記裡寫了一首題爲〈獨僧〉的詩：「冷冷清清一茅房，孤孤獨獨一個僧；悄悄忘盡苦悲愁，樂在無聲寂靜中。」

・蘭花房修行期間，得一悟偈曰：「月兒寂寂雲默默，悄悄聞得未生香。」

一九七五年（二十七歲）

・二月二十七日，經由星雲大師的安排，到宜蘭市區的百年古剎雷音寺閉關，因打坐時常被鄰近的打鐵廠噪音干擾，只住了二十五天。

・三月二十四日，轉往宜蘭縣礁溪鄉刺仔崙圓明古寺修行，此寺緊鄰墓園和亂葬崗，正合其心意，遂開始第一階段的塚間修，克服孤獨與恐懼，歷時兩年。

一九七七年（二十九歲）

・年久失修的圓明寺展開全面性的翻修，故轉往離圓明寺差不多一公里的

一九七九年（三十一歲）

靈山塔，此塔位於亂葬崗當中，很適合塚間修。搬遷的前一晚，夢見韋馱菩薩現高大金身，稱誦《金剛經》、《心經》和〈大悲咒〉，最後一句「佛光普照」，清楚傳入耳內。

- 第二階段的塚間修，以禪定攝持功夫爲主，發願度脫三惡道罪苦眾生，也經常到「仁愛之家」幫忙扛死屍、替老人洗澡。
- 在一次禪定淨相中，密勒日巴尊者示現，以手摩頂，並賜號「普仁」。
- 修行期間，收了第一個在家弟子許聰池，並將靈山塔取名爲「啊！靈山禪院」。
- 爲期兩年的靈山塔塚間修，得一悟偈曰：「體性寂然，虛無體性，常住虛無，不離體相。」後來又得一悟偈：「靈明虛照大千界，寂滅性空體如如。」
- 從靈山塔搬到附近的龍潭湖畔一處山坡地，信眾們標會籌建了一丈見方的禪房，名之爲「如幻山房」，取「生死無常、如夢似幻」之意，這是第一個屬於自己的修行處所。
- 爲了因應日益越加的信眾和來訪者，增設瓦屋，作爲研經修法、度眾弘法的殿堂。於某次禪定中，見「常寂光土」四字，故將新寺命名爲「寂光寺」。
- 每晚到附近墓地禪坐，每日禪修十八小時以上，是爲第三階段的塚間修，爲期四年。
- 此間得一悟偈曰：「圓滿寂靜不動尊，無生無滅無涅槃。」

一九八〇年（三十二歲）

- 參加噶瑪噶舉派卡魯仁波切一世的「時輪金剛」灌頂，並授法名「無畏」。
- 收第一位男眾出家弟子寂光師。

一九八一年（三十三歲）

- 收第一位女眾出家弟子法性師，後來成為靈鷲山的大師兄。

一九八二年（三十四歲）

- 十二月，夢見胃被割去，醒後尋思，決定開始長期斷食。
- 獲慧華上師傳授「辟穀法」之法本和心要，其中包含了斷食修法的過程，以及煉製百花丸的方法。

一九八三年（三十五歲）

- 一月初，在如幻山房後山巖壁底下另建關房，開始斷食關閉。兩週後，再轉往距此不遠的員山鄉周振東武舉人古堡廢墟，繼續閉關，前後差不多近半年時間。
- 六月中旬，遷至台北縣福隆荖蘭山，借拱南宮的普陀巖山洞閉關。爲期三個多月。
- 九月二十一日，中秋，遷入自闢的法華洞閉關，靈鷲山正式開山。

一九八四年（三十六歲）

- 年初，靈鷲山第一棟建築「祖師殿」完工。
- 夏天，農曆六月十九觀音成道日，不到五十坪的大殿落成開光，供奉台灣第一尊左臥佛，並邀請修學法師、首愚法師等爲大殿開光。道場原稱「不動寺」，弟子法性師提議更名爲「無生道場」。自此，僧俗弟子日增。

一九八五年（三十七歲）

- 年初，因爲要到尼泊爾、印度朝聖而出關，結束長達兩年的斷食閉關。

一九八七年（三十九歲）

- 六月，僧眾舉辦首次斷食禪三。

一九八八年（四十歲）

- 九月，帶領僧俗弟子參訪大陸東北、山東等地，並受邀至大連科學研究所演講。
- 十一月，帶領僧俗弟子朝禮大陸四大名山。

一九八九年（四十一歲）

- 宣布籌建「世界宗教博物館」（以下簡稱「宗博館」）。
- 六月，成立「靈鷲山般若文教基金會」，進行社會文教活動。
- 十一月，於宜蘭羅東舉辦第一場說明會，闡述靈鷲山未來的發展藍圖，同時成立「靈鷲山護法會」協助發展教務。

一九九〇年（四十二歲）

- 聖山寺改建修葺完成。
- 創設「國際佛學研究中心」，以奠定宗教文化研究的基礎；開始發行《般若文教月刊》。
- 十一月二十六日，在靈鷲山無生道場啓建了第一場「圓滿施食法會」。

一九九一年（四十三歲）

- 三月，在宜蘭縣羅東鎮啓建了第一場大型法會「萬燈供佛大悲法會」。

・八月，「世界宗教博物館資訊籌備中心」正式成立。
・國際佛學研究中心舉辦「兩岸宗教與文化交流」。
・創古仁波切來山修法灌頂。

一九九二年（四十四歲）

・二月，由宗博館籌辦「弘一大師紀念音樂會」；泰國行腳僧、左帕仁波切來山；心道法師參訪日韓寺院及博物館。
・五月，展開國內博物館及宗教考察活動。
・七月，於聖山寺舉辦「國際禪修營」。
・八月，舉辦全省「舍利心海華嚴大法會」，創新將音樂與舞蹈融入法會文化教育中。菩薩道形而上的慈悲願力，結合了形而下的佛教藝術之美，創造出日後靈鷲山水陸法會的原型。
・九月，完成宗博館的初步規劃架構與流程，並舉辦規劃座談會，廣納各方意見。

一九九三年（四十五歲）

・二月，天主教神父、亞洲宗教與和平國際會議（ACRP）會長等人訪宗博館。
・二月底，僧眾禪七，親自傳授「冰凍法」；舉辦「企業禪」、「教師禪」等講座。
・七月，天主教樞機主教安霖澤來山，並參訪宗博館籌備處；宗博館舉辦「宗教、建築、博物館」系列講座。
・八月，宗博館籌備處成立大會，各界貴賓與善信三千多人與會。

・十月，國際佛學研究中心舉行「生命與宗教禮俗」學術研討會。

一九九四年（四十六歲）

・二月，至緬甸會晤國師烏郭達剌，參加三藏比丘授證大典。

・四月，「世界宗教博物館發展基金會」正式立案；赴日本參訪寺院與博物館。

・五月，弟子邱澤東先生捐出台北縣永和市約二千坪的大樓面積，供宗博館使用。

・六月，至突尼西亞與各宗教代表研討「宇宙間不可知的神性」，並發表演講「佛教是如何達到神聖的境界」。

・七月，依「聖典計畫」造訪各宗教，受贈典籍。

・八月，屆值靈鷲山無生道場大殿開光十週年，心道法師開山演教，以「慈悲與禪」爲宗風行持，以觀音法門與塚間實修的大悲願力，接引有緣眾生，展開六度萬行的菩薩道，並於台中啓建第一屆「護國息災水陸大法會」。

・十月，赴緬甸受阿羅漢戒，國師烏郭達剌授予法名「烏古達剌」，並引介參訪各大禪修院及大成就者，包含最受全緬尊崇的達馬樣尊者。爲此受戒行前剃去鬍鬚，自此改變日常穿著，以南傳袈裟爲主，以紀念緬甸因緣。此行亦參訪馬哈喜禪法。

・十一月，赴西歐進行博物館考察與交流；泰國康懇法師來山教授「動中禪」。

・十二月，竹巴嘎舉竹千仁波切、寧瑪派噶陀毘魯仁波切來山。

一九九五年（四十七歲）

- 一月，發行《般若季刊》；摩門教傳教士來山；訂本年度爲「靈鷲山國際宗教年」。
- 三月，率僧眾至印度大吉嶺朝聖，受邀參訪竹千法王寺院。
- 四月，紐約道場 One Center 成立，受邀到耶魯大學及哈佛大學演講。
- 五月，率教團僧俗弟子訪鴻禧美術館。
- 六月，首座海外道場印尼雅加達中心成立。
- 八月，第二屆水陸大法會改到桃園巨蛋體育館舉辦。轉赴俄羅斯考察博物館，並與東正教、薩滿教、藏傳佛教進行交流。
- 九月，赴美加考察猶太浩劫紀念博物館、寬容博物館、加拿大文明博物館等。
- 十月，主持內眾禪七，親授馬哈喜法門。
- 十一月，嘎舉派德頌仁波切來山，傳授「中觀」、「蓮花生大士上師相應法」。
- 十二月，宗博館英文簡訊試刊號出刊，宗博館台北館於永和動土，國內外貴賓等與善信逾萬人與會。同月，哈佛世界宗教研究中心主任蘇利文博士來訪，並舉辦宗教學術交流座談會。後赴南非弘法。

一九九六年（四十八歲）

- 一月，主持內眾禪七，傳授「奢摩他」（止觀）和「毘婆舍那」（內觀）。宗博館申請加入國際博物館協會及英國博物館協會，並派遣展示館員赴美加博物館考察。
- 二月，宗博加入美國博物館協會。

- 三月，《世界宗教博物館簡訊》出刊。
- 四月，噶瑪噶舉派堪布卡特仁波切來訪，傳授「大手印止觀」。
- 五月，率領「宗教聖地訪問團」赴中東地區，參訪土耳其與以色列之猶太教、基督宗教、伊斯蘭教、巴哈伊教聖地遺蹟，並受邀演講。
- 七月，貝魯仁波切來山修法。
- 八月，舉辦水陸法會，竹巴嘎舉竹千仁波切、寧瑪派噶陀毘魯仁波切等親臨與會。
- 九月，土耳其回教總會秘書長來山。同月，宗博館籌備處舉行國際招標，在三百多家設計公司中，英國 3D Concept 公司取得規劃合約，半年後因故解約，改與設計猶太浩劫紀念博物館的 RAA 公司簽約，軟體由哈佛大學世界宗教中心規劃設計。
- 十月，出席泰國 ACRP（亞洲宗教與和平國際會議）。
- 十一月，率法師赴緬甸朝聖並參學摩構禪法中心；回鄉尋訪生母（前後七次皆無音訊）。

一九九七年（四十九歲）

- 二月，在法華洞閉二十一天黑關。
- 四月，應邀參加英國聖地計畫朝聖之旅，並爲當地聖地祈福，會見坎特布里大主教。
- 五月，拜訪台灣耶穌基督末世聖徒教會（摩門教）；後率弟子至西藏朝聖，並參訪第十七世大寶法王。
- 六月，主持內眾禪七，傳授「寂靜修」和觀呼吸。

- 七月，派僧俗弟子至印度奧修中心等地參訪。
- 八月，主持內眾禪七，傳授「寂靜修」和觀呼吸。
- 九月，緬甸尊者賓內梭達來山結夏；土耳其 Samanyolu 電視台來山採訪，並與宗博館合辦「宗教對人類與社會之影響」座談會，邀請天主教、基督宗教、道教、摩門教、天帝教等代表研討，將宗教交流對話的和平信念，傳播中東、中亞、北非、歐洲等地區。
- 九月，赴澳洲弘法，並受邀參加雪梨「跨世紀宗教大結合之夜」。
- 十一月，主持內眾禪十，傳授「寂靜修」和觀呼吸；協助台北市政府舉辦「世界宗教博覽會」。
- 十二月，率弟子至尼泊爾參訪聖地。

一九九八年（五十歲）

- 一月，寧瑪派貝瑪才旺仁波切來訪，傳授「大圓滿虛幻休息禪定法」。
- 二月，主持內眾禪十，傳授「寂靜修」法門，後訪天主教深坑隱修院，與修女談靈修經驗。同月，爲華航大園空難罹難者，舉辦超渡法會。
- 三月，土耳其伊斯蘭教團體代表來訪；天帝教秘書長一行人訪山。
- 四月，法國天主教耶穌會前會長等人來訪。
- 五月，參訪北京等地博物館，並與社科院進行交流。
- 六月，寧瑪派睡覺法王率領百位喇嘛來山參訪；緬甸烏依麻剌尊者來山駐錫，傳授「安那般那」、「毘婆舍那」。
- 六月，主持內眾禪七，傳授「寂靜修」和觀呼吸。
- 九月，梵帝岡頒贈「教宗祝福狀」，肯定宗博館。同月，主持內眾禪十，烏依麻剌尊者傳授「止觀」；德頌仁波切來山傳授「入中論」。
• 十一月，率全山尼眾法師至大陸普陀山朝聖。
• 十二月，主持內眾禪七；毘魯仁波切傳授「大寶伏藏灌頂」。

一九九九年（五十一歲）

• 一月，主持內眾禪七；緬甸賓內梭達、烏依麻剌尊者先後來山，傳授呼吸法；謝仁波切傳授「頗瓦法」與「中陰」。
• 二月，拜訪天主教狄剛總主教；赴印度參訪，拜訪錫克教等多位宗教大師。
• 三月，主持內眾禪七，傳授「參話頭」法門。
• 四月，赴泰國弘法，舉辦「佛陀舍利供養大法會」，並會見僧皇。
• 五月，寧瑪派卓千闞噶仁波切來山傳授「大圓滿虛幻休息禪定法」；瑪貢仁波切來山傳授「三寶總攝上師相應法」。
• 八月，舉辦水陸法會。
• 九月，主持內眾禪七，修持「楞嚴經」及呼吸法。
• 十月，受邀為九二一地震的救援國軍舉辦「國軍心理重建」系列祈福講座；並邀請基督教周聯華牧師等五位宗教領袖共同拍攝公益畫面，為九二一心靈重建祈福。
• 十二月，赴南非開普敦參加「第三屆世界宗教會議」，並在會中發表「二十一世紀的佛教——我的思考、體驗和期待」和「千禧年的心靈挑戰——希望在世界宗教博物館」兩篇演說及兩場座談會；下旬，主持內眾禪十，修持「華嚴經」及呼吸法。同月，九二一大地震百日，聯合天

二〇〇〇年（五十二歲）

主教等五教代表舉辦「眞愛 2000 祈福點燈」活動，並應邀主持「九二一震災百日追思法會」。

- 一月，特派遣一百零八位護法至泰國恭迎泰國僧皇所贈金佛，並舉辦「生命覺醒講座暨千禧金佛祈福大會」。
- 二月，主持內眾禪十，修持「大般若涅槃經」。
- 四月，佛光山南華寺法師帶領南非佛學院二十五位法師來山參訪。
- 五月，主持內眾禪七，傳授「寂靜修」與呼吸法；率團參訪美加猶太教等教育機構及博物館。
- 六月，世界回教聯盟秘書長來訪。
- 七月，參訪河北柏林寺，並交流禪修；特邀英國劍橋大學「國王學院聖樂合唱團」來台禮讚宗博館，在國家音樂廳演出。
- 八月，舉辦水陸法會；受邀參加聯合國「千禧年世界宗教領導和平高峰會議」，以唯一台灣宗教代表身分上台發表祈禱文，會後受邀參與「聯合國跨宗教和平小組」；隨後參訪中南美馬雅文明聖地，並與當地政教領袖會談。
- 九月，參訪科羅拉多州靈修區與印地安保護區；派弟子赴日本參加國際博物館協會二〇〇〇年的年會。
- 十月，協助新航空難處理超度佛事。
- 十一月，主持內眾禪七，傳授「寂靜修」與呼吸法；赴港、日等地展開「世界宗教博物館成立亞洲區記者發表會」。

二〇〇一年（五十三歲）

- 一月，接受寧瑪噶陀派的法脈傳承，經莫札法王認證並授予「巴吉多傑」法號；下旬，「世界回教聯盟」來訪，贈予聖地麥加的天房布幔（Kaba's Kishiwa），以及眾多文物資料。這是回盟首次將天房布幔送給非伊斯蘭組織。
- 三月，塔利班政權「毀佛」之後，在美國紐約擬成立「聖蹟維護委員會」。
- 四月，赴日本舉行「聖蹟維護委員會」記者說明會。
- 八月，舉辦水陸法會；下旬，赴波士尼亞會晤當地美國大使及天主教、猶太教、東正教等領袖，並考察聖地古蹟遭破壞的實況。
- 十一月九日，全球首座「世界宗教博物館」在台北永和開幕，一百二十位來自三十八個國家的全球宗教領袖及專業代表參加，並將此日訂爲「世界宗教和諧日」。九日至十一日於圓山飯店召開「全球宗教聖地古蹟保護委員會」的國際會議。

二〇〇二年（五十四歲）

- 二月，「世紀宗教對談」系列正式展開，首場親自主講「生死與修行」。
- 三月，九一一半週年忌日，於美國紐約發表對談，並親臨災區聖保羅教堂爲九一一罹難者祈福；隨後於哥倫比亞大學舉辦第一場「回佛對談」。同月，率僧俗弟子近千人，至南投朝禮佛指舍利；薩迦法王至宗博館參觀並演講「佛法與生活」，隨後來山參訪。
- 四月，寧瑪噶陀派毘魯仁波切代表西康噶陀莫札法王，來山主法脈傳承陞座法會；格魯派上密院住持羅滇津仁波切等來山；世界華僧會淨心長老等五十多位各國法師參訪宗博館。

- 五月，於馬來西亞星洲日報，與伊斯蘭教「公義世界國際運動協會」合辦第二場「回佛對談」，主題討論「回佛對談與新亞洲」；主持內眾禪七，傳授「寂靜修」。
- 六月，於香港舉行「聖蹟維護委員會」記者說明會，率先捐出一百萬港幣給阿富汗。同月，率領百餘僧俗弟子至北京等地朝聖交流，並受邀於北京佛學院演講「新世紀的佛教」。
- 七月，於印尼雅加達，與「公義世界國際運動協會」等單位合辦第三場「回佛對談」，邀請來自美國、德國、馬來西亞及泰國佛教意見領袖參加。同月，赴泰國參加世界宗教領袖會議，近三百位全球宗教領袖暨近千位比丘與會；藏傳比丘尼丹津帕摩來山參訪。
- 八月，舉辦水陸法會。
- 九月，帶領教團所屬的「愛與和平地球家」（Global Family for Love and Peace）組織，參加聯合國第五十五屆非政府組織（Nongovernment Organization, NGO）年會。
- 十月，《新世紀宗教研究》學報發行。同月，《靈鷲山外山——心道法師傳》（原版）由台北遠流出版公司正式出版。

二〇〇三年（五十五歲）

- 一月，前往南印度班格羅（Bangalore）參加「靈性復興與人類價值觀」國際會議。

二〇〇四年（五十六歲）

- 三月，赴印尼雅加達及萬隆等地弘法。
- 五月，在巴黎聯合國教科文組織（UNESCO）總部舉辦的第四場回佛對談，一連三天分別以「聆聽的藝術」、「全球倫理與善治」、「和平教育」爲題。這場回佛對談剛好就在美伊戰爭停火後的第三天後接著召開，特別受到聯合國教科文組織重視。
- 六月，赴泰國參加「成功佛」鑄佛大典，與泰國僧皇共同主持金佛頂髻鎔鑄儀式。
- 七月，出席泰國清邁帕椏大學舉辦的「宗教與全球化」國際學術研討會，並發表演說。
- 九月，赴美弘法，並受邀參加於紐約聯合國總部召開的ＮＧＯ年會，發表演說「宗教對談對和平的貢獻」。同月，於靈鷲山舉辦「寶華山在家五戒暨菩薩戒」傳戒大會，恭請戒德老和尚、守成長老、寬裕長老等爲主戒和尚。
- 十二月，前往印度參加第四屆世界宗教會議的會前會「印度和平高峰會」，並發表專題演講。隨後前往西班牙塞維亞市（Sevilla），參加以色列宗教學術機構「以利亞跨宗教協會」（Elijah Interfaith Institute）主辦的「第一屆以利亞世界宗教領袖會議」，並受邀擔任其國際智庫的佛教召集人。

- 二月，應邀前往美國麻省理工學院、耶魯大學等地參訪，傳授平安禪修與演講。

- 四月，受印度教靈修大師賽德斯．巴巴之邀，以「聖者」身分前往印度烏堅（Ujjain）聖城，參與印度「大壺節」（Maha Kumbha Mela）節慶，並出席「洗足」儀式。同月，應邀前往伊朗德黑蘭參加「摩塔哈里思想國際研討會」（World Conference on Motahari's Thought），發表演說「宗教對話如何看待不同宗教者」。
- 六月，「愛與和平地球家」（GFLP）於緬甸頒發第一屆「佛國種子」普仁獎學金，幫助緬甸的孤兒、貧童和小沙彌就學。
- 七月，赴巴塞隆納參加第四屆世界宗教大會，期間，舉辦「回佛對談」跨宗教會議。
- 八月，與中國社會科學院共同於北京舉辦「全球化進程中的宗教文化與宗教研究」海峽兩岸學術研討會，發表開幕演說「覺醒的力量——華嚴世界觀與全球化展望」。隨後前往廣州、惠州、東莞、香港等地參訪。
- 十月，與加拿大溫哥華卑詩大學共同舉辦「佛教聖地的形成與轉化」國際宗教學術研討會，於開幕式發表演說「一份傳神的志業：聖地精神的再現與活化」，並在閉幕時致詞。
- 十一月，與「高登合作與和平協會」、台北市政府共同舉辦二〇〇四年夥伴城市國際會議——「靈性與生態永續：水——我們共同的根源」宗教論壇，並發表演說「全球倫理與世界和平——宗教的當前任務」。
- 十二月，首度公布「台灣心靈白皮書調查報告」，關心台灣民眾心靈健康問題，尋找解決靈性生命枯乏的根源，讓民眾重視生命教育、回歸心靈的寧靜。透過「斷食之愛——平安禪」全台視訊，呼籲社會大眾發揮

二〇〇五年（五十七歲）

愛心援助南亞大海嘯。

• 一月，發起「聯合勸募」活動，與一貫道總會、台灣基督教長老教會總會、天主教明愛會、中華天帝教總會、巴哈伊教台灣總會、中國回教協會、中華道教總會以及中國佛教會等九個宗教團體共同募款，擬爲斯里蘭卡搭蓋永久屋。

• 三月，赴美弘法，期間前往新墨西哥州參觀當地的印第安保護區，讚揚印第安人尊重自然的文明，強調「尊重、包容、博愛」的宗博理念。

• 四月，赴緬接受臘戍弄曼村村長之土地捐贈儀式，擬於此處建立一修行農場，「佛國種子計畫」進入實質建設階段。

• 五月，應中國文物保護基金會邀請，偕同宗博館館長漢寶德先生等一行參訪敦煌莫高窟與張掖大佛寺，並參拜大佛寺鎮寺之寶《大般若波羅密多經》等佛教經典。後受邀前往泰國曼谷講堂主持「舍利心海華嚴法會」，並至坤敬省呵叻大學發表演說「台灣的佛教與原始佛教的異同」。

• 六月，偕基督教長老教會、一貫道、天帝教等宗教代表赴斯里蘭卡參加「台灣九大宗教捐獻南亞大海嘯斯里蘭卡愛心屋」啓用典禮；獲斯里蘭卡頒贈國家最高佛教榮譽「修行弘揚佛法貢獻卓越獎」殊榮，由斯里蘭卡總理摩新達（Mahinda Rajapaksa）頒贈國家佛教最高榮譽法扇。

• 八月，獲印度伊斯蘭教組織「宗教交流和諧基金會」（Inter Faith Harmony Foundation）頒贈「穆提拉尼赫魯和平・包容・和諧獎」（Pt. Moti Lai

Nehru National Award for Peace, Tolerance and Harmony），表彰對促進世界和平所做的貢獻，由前印度總統 Narayanan 親自主持頒獎。同月，獲斯里蘭卡致贈「斯里摩訶菩提樹苗」，於無生道場主持「菩提樹子」聖植大典。

- 九月，受邀赴北京大學訪問，發表專題演講「從本地風光到華嚴世界——談靈鷲山教團文化理念與國際發展」。會後，與北大哲學系簽署一份「宗教對話講座」合作備忘錄。
- 十一月，應邀前往瑞士參加「神祕主義與和平」國際會議；隨後，前往摩洛哥參加「回佛對談——宗教與社會」。同月，與以色列「以利亞跨宗教協會」阿隆（Alon Goshen-Gottstein）於無生道場共同舉辦第二屆「以利亞國際會議」，六十位各國宗教領袖共同與會探討「神聖的危機」。
- 十二月，應邀赴西班牙畢爾包，參加「聯合國教科文組織」（UNESCO）分支機構——「國際天主教運動協會」（International Catholic Movement for Intellectual and Cultural Affairs）舉辦的「面對一個渴望和平的世界的新挑戰」國際宗教會議，於會中發表演說「相互依存的時代中，文化與宗教互動的威脅與契機」。

二〇〇六年（五十八歲）

- 一月，率團赴緬朝聖，並至仰光佛教大學啓建第四度供僧大典，後赴新、馬弘法。
- 二月，率團赴印朝聖，期間特於菩提迦耶啓建八關齋戒。因不忍眾生苦、聖教衰，於無生道場發願閉關一年。

• 三月，榮獲緬甸頒贈國家榮譽一級獎章「國家最高榮譽弘揚佛法貢獻卓越獎」。

二〇〇七年（五十九歲）

• 二月，閉關屆滿一年，圓滿出關；藏傳佛教寧瑪噶陀傳承持有者莫札法王來山，主持「淨剎儀式」。日本新宗教白光眞宏會來台，於無生道場豎立全台首支「和平柱」，肯定致力世界和平的努力。

• 四月，主持緬甸仰光靈鷲山法成就寺開光大典。

• 六月，以佛教禪修大師身分受邀赴德國慕尼黑，參加「Ernst Freiberger Foundation」舉辦之「靜坐與啓發」研討會；會後並參訪慕尼黑大學，教授禪修。

• 九月，應「全球文化論壇」（Universal Forum of Culture）之邀，赴墨西哥蒙特雷參加第二屆「全球文化論壇」，在開幕活動中帶領近萬名與會者念誦經文及致詞。

• 十月，自深圳弘法寺住持本煥老和尚納受法脈爲臨濟宗第四十五世、別傳堂上第二代傳人，號常妙心道禪人。後率眾前往泰國朝聖、弘法，並於泰國僧王寺與泰國第一副僧王梵摩尼僧長（Phra Phommunee）共同主持「臥佛頂髻鎔鑄聖典」。同月，應中國北京大學邀請，於該校光華管理學院以「生命之道——心之道」爲主題發表「寂靜管理——『管理』從心開始」、「喜歡生命——從喜歡生命到創造美好生命」兩場演說。

二〇〇八年（六十歲）

・十一月，赴印度阿木里查（Amritsar）參加「第三屆以利亞世界宗教領袖會議」，會議主題爲「智慧」。

・十二月，於靈鷲山金佛園區啓建「開啓和平聖世——靈鷲山金佛園區和平聖典」，與泰國僧王寺副住持梵摩尼僧長和泰國高僧代表等共同主持。

・一月，發起「百萬大悲咒」，回向中國受雪災侵襲的災民。

・二月，應邀前往印度班格羅（Bangalore）參加「生活藝術國際中心」主辦的「吠陀哲學及佛教——促進全球和平會議」，並於大會發表演說「倫理與和平經驗」。

・三月，率僧俗二眾赴泰國、寮國朝聖，並與泰僧王於僧王寺共同主持「富貴佛頂髻鎔鑄大典」。同月，靈鷲山緬甸國際禪修中心法成就寺舉辦「大雨耕心營」，培育「大雨托兒所」師資，親爲學員開示。

・四月，於台北市大安森林公園發起首屆「全民寧靜運動」，呼籲全民「減音、減食、減碳」，提出「愛地球九大生活主張」，並舉辦「寧靜心空，爲世界祈福」網路留言、「愛與和平——寧靜心空」演唱會、「萬人禪修」等活動。

・五月，「愛與和平地球家」（GFLP）組成救災團隊，進入緬甸伊洛瓦底江賑助受納吉斯（Nargis）颶風侵襲的災民，爲台灣首支進入災區的賑災隊伍。同月，率領靈鷲山全體僧眾共修《阿彌陀經》回向中國四川大地震災民，並指示靈鷲山展開救援行動。率眾前往蒙古參加「當代佛教在蒙古未來的發展與挑戰」國際會議，發表演說「蒙古佛教與現代意義」，並與蒙古總統 Nambaryn Enkhbayar 會晤。接著，應邀前往中國成都寶光寺，參加爲四川震災三七日啓建的「祈福追薦賑災大法會」，並捐贈救災物資及善款，赴災區實地關懷。

- 六月，於台北與政治大學合辦「二〇〇八年全球化與靈性傳統暨第九屆回佛對談國際會議」，此爲「回佛對談」首次在台舉辦。
- 七月，應「世界回教聯盟」邀請，赴西班牙馬德里皇宮參加「各大宗教對話國際論壇」（The World Conference on Dialogue）會議。
- 九月，與菲律賓駐聯合國使節團（The Philippine Mission to U.N.）於紐約聯合國總部合作舉辦「邁向地球家：第十屆回佛對談」，發表開幕致詞。
- 十月，於台北一〇一大樓展示泰僧王致贈之「富貴金佛」，爲受金融海嘯重創之全球及台灣經濟祈福，並供民眾頂禮。
- 十一月，召開靈鷲山全山共識會議，會中以自身修行、弘法歷程爲鏡，凝聚出靈鷲山宗風爲「慈悲與禪」，以「締造華嚴世界、共創愛與和平地球家」爲願景等共識。

二〇〇九年（六十一歲）

- 二月，率領四眾弟子前往法鼓山弔唁聖嚴法師，之後，法鼓山方丈果東法師來山禮謝。
- 三月，率僧、俗二眾回佛光山懷恩尋根，報星雲大師剃度之恩，並加強兩山合作。隨後應邀參加於江蘇無錫召開之第二屆「世界佛教論壇」，並參與主持「佛教修學體系的建設與反思」分會討論及發表演說。

- 四月，前往尼泊爾參訪，期間前往錫欽毗盧林寺，拜會寧瑪噶陀傳承上師毘魯仁波切，並應邀參加竹巴噶舉傳承持有者第十二世竹巴法王天龍彌陀寺院開光典禮。
- 五月，泰國老虎洞高僧龍波讚念長老來山參訪交流。
- 七月，應邀赴瑞士蘇黎世「拉薩爾靈性中心」（Lassalle Haus）參加「禪、卡巴拉及基督宗教的神祕主義」國際會議。隨後，應邀訪問「波蘭奧斯威茲集中營紀念館」，並與博物館執行長 Dr. Piotr M. A.Cywinski、錫克教 Bhai Sahib Dr. Mohinder Singh 進行和平對談。後應「英國伯明罕世界宗教博物館」籌委會邀請，擔任博物館籌委會主席，分享籌建宗博館之經驗；期間參訪緬甸僧人 Dr. Rewata Dhamma 創建的 Buddhist Pagoda，並拜會 Dr. Uttara Nyana，以及參加錫克教伯明罕總部晨禱。
- 十月，首度於新加坡啟建「水陸空大法會」，期間拜會新加坡佛教耆宿隆根長老。寧瑪噶陀五黃金法臺傳承持有者之一的第五世格則仁波切來山參訪。
- 十二月，赴澳洲墨爾本參加「第五屆世界宗教大會——世界大不同：聆聽彼此，療癒地球」，並於大會上以「寧靜」爲獻禮，帶領大眾修習「一分鐘禪」，爲世界祈福；期間舉辦一場「回佛對談」，以及主持「宗教及靈性團體在衝突及調解中扮演的角色」系列座談。隨後，前往緬甸供萬僧朝聖行腳，期間並於仰光市主持「肯瑪碧瑟亞」戒壇重修後的開光典禮，禮讚佛法傳承。

二〇一〇年（六十二歲）

- 三月，前往中國交流，參訪光孝寺、六榕寺與能仁寺，並與當地佛教單位交流，分享靈鷲山宗風法教。
- 四月，前往緬甸首都奈比多（Nay Pyi Daw），接受緬甸國家上座部最高僧伽委員會頒贈一級榮譽「傳授禪修卓越優秀獎」，表彰傳授禪修以及弘揚佛法等善業卓越的成績。
- 六月，應中國佛教協會會長傳印法師之邀，赴南京棲霞寺參與「佛頂骨重光盛典」。同月，與「大菩提國際禪修中心」（Mahabodhi International Meditation Center）共同於北印度拉達克舉行「回佛對談」，進行跨宗教交流。
- 八月，中國西安大慈恩寺方丈增勤法師率參訪團來訪。
- 九月，率僧俗弟子參訪浙江中國普陀山觀音道場，並迎請、獻供普濟寺毘盧觀音。後受邀參加首屆「中華佛教宗風論壇」，此次論壇以「百年辛亥、百年佛教、丕振宗風、繼往開來」爲主題，追溯百年漢傳佛教歷史，對佛教的教育化、慈善化、企業化、現代化等議題進行研討。
- 十月，獲美國理解寺（Temple of Understanding）頒發「跨信仰遠見者」（Interfaith Visionary）獎。

二〇一一年（六十三歲）

- 一月，佛光山住持心培和尚來訪，與心道師父分享閉關經驗。同月，中國浙江寧波七塔禪寺方丈可祥法師率團來訪。
- 二月，應「世界回教聯盟」邀請，參與於台北舉辦的「二〇一一人類共同價值對話」研討會，發表演說「宗教團體與人類衝突」；並與聯盟秘書長涂奇博士（H. E. Dr. Abdullah bin Abdul Mohsin Al-Turki）進行跨宗教的交流對話。

- 三月，日本三一一大地震與海嘯，呼籲全球佛子精進修誦〈大悲咒〉。同月，前往北京參訪交流，期間拜會中國國家宗教局副局長齊曉飛及中國佛教協會會長傳印長老等。
- 四月，與一行禪師於宗博館共同舉辦「不是看我」禪書法聯展。同月，受德國慕尼黑大學宗教系主任 Michael Von Brück 邀請，於德國寧芬堡（Nymphenburg）教授禪法，並演講「中國禪宗的社會責任」。
- 五月，帶領弟子前往浙江普陀山普濟寺，主持「重鑄毘盧觀音」開光盛典，並傳授觀音耳根圓通法門——寂靜禪法。同月，迎請普陀山毘盧觀音重鑄身奉安靈鷲山，為兩岸觀音道場交流盛事。
- 八月，首次在禪宗祖庭江西大雄山百丈禪寺啓建水陸法會，象徵禪與水陸法會相互圓融、結合無礙。
- 九月，受中國佛教協會副會長刀述仁之邀，參與「忠魂歸國」中國遠征軍出國抗戰追思活動，並於會中誦念祭禱文。
- 十月，受邀於禪宗六祖惠能大師剃髮出家之廣州六榕寺陞座說法，並傳授寂靜禪修。
- 十一月，世界宗教博物館開館十週年，於台北世貿國際會議中心舉辦「心和平之夜」，推動愛與和平的心靈饗宴；並與北京首都博物館合作展出「智慧華嚴」佛教文物珍藏展。同月，受「阿育王使命」（Asoka Mission）佛教組織邀請，前往印度新德里參加「全球佛教大會」（Global

Buddhist Congregation 2011），於會中發表演說「如何化解暴力與衝突」。

二〇一二年（六十四歲）

- 二月，應邀前往芝加哥聖母（諾特丹）大學（Notre Dame University）出席「實踐聖潔的故事：跨宗教理解運動」（Stories of Practical Holiness: An Exercise in Interreligious Understanding）論壇，發表演說「轉換自我與世界——佛教靈性的故事」。期間，與前哈佛大學宗教研究中心主任蘇利文博士、RAA 創辦人奧若夫（Ralph Appelbaum）、世界宗教大會理事會（CPWR）前執行長 Howard Sulkin 與現任執行長 Dirk Ficca 等人會面。
- 三月，率僧俗弟子前往印度朝禮佛陀聖地，沿途以華嚴懺法會、禪修、陞座說法豐富心靈，並出席北印度比哈爾（Bihar）省政府撥地贈與靈鷲山設立靈修中心典禮，簽署撥地協議書。期間，與印度心靈大師、生活的藝術基金會（AOL）創辦人 Sri Sri Ravi Shankar（古儒吉大師）進行寧靜對談。
- 四月，舉辦「百萬眞心．地球平安——21日百萬大悲咒願力閉關」，四眾弟子閉關二十一日，共修〈大悲咒〉，祈求地球平安；並於閉關圓滿隔日（四月二十二日）世界地球日當天，在無生道場舉行「地球平安禮讚」活動，以 1,323,661 遍〈大悲咒〉回向地球平安。同月，受邀赴香港參與「第三屆世界佛教論壇——和諧世界．同願同行」，與兩岸四地及來自全球六十餘國家的佛教領袖與學者專家共同出席此盛會，並接受鳳凰網專訪。

二〇一三年（六十五歲）

• 七月，於印尼雅加達舉辦第十三屆「回佛對談——亞洲宗教的愛與寬恕」，發表「全球化時代下的宗教責任與使命」開幕演說；並於閉幕時帶領與會大眾進行禪修。
• 九月，應 Fetzer Institute 基金會邀請，遠赴義大利 Assisi 島參加「全球大會：愛與寬恕的朝聖」國際會議，受邀上台祝禱，並帶領與會大眾體驗「一分鐘平安禪」，以行動傳達「心和平、世界就和平」理念，期間並接受美國密西根州宗教服務雜誌專訪。同月，受邀至雲南佛學院演講「從本地風光到華嚴世界」，並教授禪修；同時應雲南佛教協會邀請，赴雲南騰衝來鳳寺參與「中國遠征軍陣亡將士水陸空追薦超度大法會」，並於送聖當日前往騰衝國殤墓園憑弔遠征軍英靈。期間，雲南彝良發生震災，代表靈鷲山捐款予雲南佛教協會，協助賑災。
• 十月，受邀於江蘇、上海、河南佛學院等地，教授禪修。
• 十二月，爲全山僧眾「聖千手千眼大悲觀音成就法」灌頂。同月，爲墨西哥尤坦卡半島的梅里達「馬雅文化節」，就末日傳言錄製開示影像。同月，宗博館與北京首都博物館（首博）合作，於首博展出「台北世界宗教博物館宗教藝術文化展」。
• 二月，邀請各宗教代表一同出席於世界宗教博物館所舉辦的「二〇一三世界宗教新春祈福會」，透過各宗教祈禱、祝福、發願的儀式，一同祈願世界和諧平安，災難遠離。
• 三月，赴中國北京參與「台北世界宗教博物館宗教藝術文化展」特展閉幕式與感謝宴，並拜會中國佛教協會，致贈感謝狀，感謝協會對特展的協助。同月，分別於北京及上海舉辦「心道普茶會」；隨後前往無錫教授「靈山指月 雲水禪三」禪修。

・四月，率僧俗弟子前往不丹朝禮佛教聖地，沿途以繞塔、禪修、觀音百供、陞座說法豐富心靈。期間，參訪第七世南開寧波仁波切，並獲不丹國師傳法加持。

附錄

萬教並生蓮花——心道法師前傳

柏楊

當一個舊星球破碎時，另一個新星球會再昇起；當一個舊人生破碎時，另一個新人生會再創造。祇要你有足夠的虔敬，總有一天你會感謝你苦難的來源，同時也是你營養的來源。人，不可能瀟灑走一回，他的負擔跟他的使命，同時沉重。

心道大師離奇的喪父，又詭異的失母，我讀到那一段，滿紙眼淚，他母親抱著襁褓中的妹妹，夜深人靜，悄悄走到年紀還不到四歲的心道床前，掖了掖被子，向半睡半醒的孩子凝視著，沒有吻他，沒有抱他，沒有一句叮嚀他的話，只留下來永遠無法解開的謎，回頭走去，從此沒有任何消息，孩子的心滴血，我們讀者的心也隨著滴血。

這個無法彌補的遺憾，永遠掛在心道大師的心頭，對他的影響是入骨的，所以，他終身從不離棄一個人，尤其是那些心靈上倚靠他的人。

在另一片世界裡，我和心道大師有一個共同奇特的緣分，一九五〇年代，我在報上寫〈異域〉，十年監牢之後，我又繼續寫〈金三角・荒城〉，曾引起廣泛的「送炭到泰北運動」，而心道大師就是第一次撤退的第一代孤軍（《異域》一書中對這第一次的撤退有過介紹）。心道大師那時候才十幾歲！寫到這裡，回想五十年前，當還是孩子的心道在清泉崗赤膊操練的時候，柏楊在汗流浹背的伏案報導孤軍故事，而今心道安坐在他的宗教博物館，柏楊繼續汗流浹背的伏案為心道的傳記寫序，這就是緣分吧！

每個人生來都有宗教情感，心道大師生在緬甸這個佛教國家裡，他來台灣後，又不斷的接觸到佛教大師，所以他的悟道很早，而且有更廣的開拓。眞正為心道大師剃度，把他領進佛門的是星雲大師。邊區孤軍第一次撤退到台灣後，心道年紀實在太小，那年才十四歲，身子還沒有鎗的三分之二高，他既扛不動鎗，鎗也扛不動他，軍事訓練單位對這一批孩子們，實在無從著手，於是由教育部分別把他們轉入各小學——白天到學校讀書，晚上回營房睡覺。心道大師讀過員樹林國小，而就在這個時候，他迷上了武俠小說，他和一般小朋友一樣，決定當大俠，打盡世界不公平的事，不知道從哪裡弄來一本武俠祕笈，幾個小毛頭自己練起神功，尤其又練起輕功，方法很簡單，衹要在腳上綁個沙袋即可，在上學的路上走得怪模怪樣，堅信有一天，可以練成飛簷走壁，他們有一個信條，當大俠不是夢，而是正義與力量的延伸。

大俠當然沒有當成，心道大師最後被星雲大師接入佛門，剃度出家。我想起一個比喻，星雲大師好像唐僧，莊嚴肅穆，嚴守戒律，慷慨高貴，捨身佈施。而心道大師則像孫悟空，雲遊各界。二十年後，心道大師成立宗教博物館，組成新的淨土。使萬教並生蓮花，星雲爲他祝福。星雲東天送經，使當年玄奘西天所取的經，更加豐滿後，再東傳萬邦。

出家千千萬萬，高僧是國家之寶，面對高僧，我們合十頂禮。

二〇〇二年九月二十五日於台北

【本文作者簡介】

柏楊（1920-2008），河南輝縣人。一九五〇年起，以郭衣洞之名從事小說創作，為寫作生涯之始。一九六〇年代用柏楊筆名為《自立晚報》及《公論報》撰寫雜文，揭露中國文化的病態與社會黑暗面。一九六八年三月七日，以挑撥人民與政府間感情罪名被捕，至一九七七年四月一日始被釋放。出獄後，續為《中國時報》及《台灣時報》撰寫專欄，並曾赴多國發表演講，引起強烈的迴響。其作品類型廣泛，含括小說、雜文、詩、報導文學、歷史著作、文學選集等。

行者看行者

春深猶有子規啼——訪道與勘驗

林谷芳

禪問答中有個大家熟悉得不得了的故事：

白居易向鳥窠禪師問佛法大意，鳥窠給予最「傳統」的答案：「諸惡莫作，眾善奉行」，白居易以為這答案三歲小兒都曉得，鳥窠則回以「三歲小兒能道得，八十老翁行不得」的回答。

這回答在佛門是老生常談，鳥窠的對應從機鋒高峻的禪者來說，更係聞之須掩耳疾走之論，不過，如此卑之無甚高論的言語，後來卻仍不斷出現在披雲狂笑的禪門，究其故，則因它扣準了修行的原點。

修行是什麼？對禪或其他法門而言，核心都在「了生死」。而「了生死」並非語言文字的遊戲，它只能親身體踐，如人飲水、冷暖自知，因此，看個修行人，重點不在他談的理論有多系統，多玄妙，而在他是否有能力「化抽象的哲理為具體的證悟」。

的確，修行是化抽象哲理為具體證悟之事，因此，求道雖強調解行並重，但所有的解如果未有化成行的能量，就只能是一種戲論。也所以，讀遍經論，常不如直接閱讀行者所體踐出來的生命大書有用，所謂「聽其言」，不如「觀其行」，正是許多人所以須親近大德的原因。而在特別標舉言語道斷的宗門，祖師行儀更是一個離乎言語相的公案，師徒能否承續，關鍵往往就在徒弟能否從師門行儀中得到自己聞思的印證。

不過，能親炙固然最好，但還得具備一定的時節因緣，因此，祖師傳記乃常成為有心者的重要資糧，歷史中從較簡的高僧傳、傳燈錄，到詳細的祖師年譜及傳記之所以能不絕於書，也正緣於此。它是我們在談修行、談傳承、談法門所不能忽略的一環，而其中的內容、體例，以及讀者切入角度的不同，則使它們在修行上扮演了各自的角色。

從體例而言，年譜較如實，傳記則常有主觀的想像，而小說式的寫法，主人公更往往只是寫者觀點的代言。當然，公案、語錄的記載，精簡且直扣核心，最能予人啓發，但行儀既略，有心者乃很難由之窺知行者那點滴在心頭的轉折歷程，於是也只能停留在心嚮往之的階段。

至於內容，老實深刻的行者本以整個生命面對生死，不著一處，全體即是，下筆就難，以此行儀中應以何者為核心，乃成為寫者落筆取捨的關鍵。而在此，因不同人的不同詮釋，彼此自可差異極大，例如弘一法師，要以俗情的文化藝術，還是以根柢的宗教情懷寫他出家的因緣，結果就可判若兩人。

而即使體例及寫法問題不大，誰來讀這本書也可以導出不同的判準，有些人看祖師行儀像在求靈異紀錄，有些人則永遠以人的世界為最終關懷，有的人看度眾事業，有的人卻窺內心幽微，有人想理出修行步驟，有人則強調悟後風光。

就這樣，雖說高僧傳略、祖師行儀是重要資糧，但就如佛法講因緣般，不同對應乃可以使它是藥，也可以使它是毒，而就中，讀者既是攝受者，自己能否獨具隻眼就成為個中關鍵，過去講「師訪徒三年，徒訪師三年」即因於此。

師訪徒是尋人才，伯樂找千里馬，機率小，但不容易看走眼，因為是以先進印後學；可徒訪師就不然，以外行看「內行」，未證之地談已證之人，看走眼的機率基本就大，而這也正是怪力亂神始終可大張旗鼓的原因，多少人或為印象所惑，或因理事不夠圓融強作最勝義解，結果不要說魔軍可以惑眾，連江湖小卒也常沐猴而冠，可憐的是訪道之人，所謂盲人騎瞎馬，夜半臨深池，莫此為甚。

§

不過，勘驗雖不易，卻也非完全無法可想。首先，修行的系統固提供了一個基底座標，不同行儀的比較，也讓勘驗有了相對基準。這些基準，有些是所有行者必須共同體現的，例如，向道之心、如實行儀。有些則是不同法門所欲達致的，例如禪者根柢上有其「自性天眞」或「截斷眾流」的要求，密宗行者則要求理事相即，在不同因緣內呈現不同對應，其間的不同，在禪是一絲不掛，直取本心，只破不立；在密則爲即事而眞，我手即爲佛手，從妙有體證。

當然，宗派之外，還有個人生命情性與修持法門顯現的不同生命風光。

如此，若能從上述三個面相切入，對行者的勘驗固不能說能立即相契，但雖不中亦不遠矣！而這也正是修行的原點儘管在體證，深入經論卻永遠有其重要性的原因。因爲，當應世的人格不在時，故應「以法爲師」，而即使在世，習者若要免於識而不見，仍需系統修行理論的指引。

以這樣的角度來看行者的行儀，下面的一些重點恐怕是大家必須注意到的。

首先：行者的向道因緣何在？是生具夙慧，天生具有宗教心？還是因某種因緣使然？這種因緣是家事、國事、天下事的世間情？還是對死生天塹的諦觀？也或者只是對未知世界的嚮往？

其次：行者是以如何的心情，如何的實踐來對應這向道的因緣？是捨離萬緣，孤獨求道？還是寄身叢林，直領宗風？甚或是慈悲應緣，度人自度？在此，行者對世間變動事物依戀的俗情總要能不在，也所以老實、堅忍、綿密就是許多行者人格的基本特質，常常讓人爲其一生的投入而動容。

此外，更關鍵的是他修習什麼法門，又如何相應？坦白說，這才眞是考驗習者的地方，而就此，哪個法門是以信爲本？哪個法門強調智爲能入？哪種法門直取慈悲？哪種法門強調能量轉換？又有哪個法門當下即是？習者不僅基點的認知要準，對行者相應的勘驗尤其要在訪道中不斷反思觀照，終至具備識人的法眼才行。

最後，行者成就整體生命的風光何在？或他面臨生死所映現的成就爲何？更是觀照的焦點。前者就整體觀之，可免去「但見秋毫，不見輿薪」之病，例如有些乩童雖有靈通，但除此之外，一無可取，不僅缺乏生命境界，法門其實也不足恃；而後者則是最核心，最無可重來的應現，也是最嚴厲的考驗，因此禪者示寂乃成爲禪門最大量也最值得參究的公案，就如天童宏智臨終偈有「夢幻空華，六十七年；白鳥淹沒，秋水連天」之句，以此，他一生標舉的默照風光才有堅實的支撐，而弘一雖不在宗門，但去掉了「華枝春滿，天心月圓」，去掉了「悲欣交集」，則一生行儀所能照亮人者，恐怕也將減半。

坦白說，一個人掌握了這些基點要來勘驗行者，則除非對方眞乃潛修密行之輩，應該都能窺見一些眞實；甚且，經由理論與實證的磨練，對「內修菩薩密，外顯羅漢形」的微細行儀，也能體得事情並非只是外表所見到的那般；至於那些妖言惑眾，未證言證者就更難逃法眼了。

有了勘驗，求道者就會回到「更如實」的立場，來看修行者應現的一切，不會活在一種假相的追求中。這就如同釋尊有背痛，行者觀照的不應是他有沒有背痛，而是悟者究係如何面對苦痛。猶記得年輕時，有一好友一次提及他在寺院中聽經，看到座主面對炎炎夏日，汗如雨下，邊拭汗邊講經時的震撼，一個求道者在了解了「和尚也是人，也要流汗」時，其在「如實」上就又過了一層。當然，話說回頭，行者眞的在炎夏中都必會揮汗嗎？有沒有不畏寒暑的情形？有沒有以心轉物的生命？「安禪不須入山水，滅卻心頭火自涼」眞只是一句唯心的標舉，還是有其如實的印證可能？習者這樣一層層地轉進，與道相應自然不遠。

§

誠然，這些年來台灣宗教大興，應世的宗教人格以傳記型態呈現自己者所在多有，這些或自述，或由他人書寫，儼然已成爲弘法的重要資糧，不過，有心者還是要問：這其中究竟反應了哪些訊息？而就此，傳略的本身，其實並不只是書中主人的分身，它更是一面直接映現主人公當今生命風光的鏡子，對訪道者而言則更提供了直探幽微的大好機緣。可惜的是，這弘法的資糧目前果眞也只是弘法的資糧，它映照的功能並沒被大家注意，許多書的寫法更常只是將外界固定的印象加以圓滿化而已。

那麼，《靈鷲山外山》中所說，從兒時受戰爭之苦，親睹行者天足神通，與觀世音的夙世因緣，樂於禪坐，入於塚間修行，長期斷食閉關，短短十年道務興隆，由頭陀行而轉菩薩道，建立世界宗教博物館，以及對宗教大學的願力，乃至三乘合一的穿著，接續不同密法的認證，這些心道法師事蹟之異於常人者，其所彰顯的意義究竟爲何？有心者自應由此探入。而更甚地，還需深入這些事蹟異於許多修行人之處又在哪裡？他的意義又該如何看待？當然，更如實地，還可以問：在基本的事蹟外，書中的一切哪些是作者的貫連？哪些是弟子的理解？哪些又是當事者主體的記憶與詮釋？

而若如此來問，我們或者就可以發現文字陳述固無法描摹行者全貌，也很難直探心境幽微，但這本書所寫相較於時下許多道場行者的傳記則的確仍顯現了一些關鍵的不同，而這不同對修行還非常重要。

不同在哪裡呢？最根柢也最明顯，讓人領受深刻的，也許就在那「行」的徹底。塚間修、斷食、閉關，這看來自了、無益世間的一切，不就該是行者的本分嗎？就是有了這本分，應世的風光才不會因入於世間而與世間法無盡糾纏，甚至喪失了主體，而這也正是靈鷲山一直強調實修，且以閉關等修行爲常務的原因。從大環境講，這是台灣在極端強調人間佛教後必要有的返觀；從個人言，守住這個原點，行者才所以是個行者，而在家眾之所以該禮敬三寶，不正也因這行者修行的本務！

當然，修行本須理事圓融，行者更得面對如實的末後一關，因此將任何的傳略作最勝義解，也就有它虛妄的本質，而當事者若離開了「應緣」的基點，有關的一切也將成爲魔事。

也就因如此，即使與道場有較深因緣，我還是得即事就理，直扣那對行者勘驗的本質，而好在，靈鷲山的法師邀稿時，竟也在其中表示了以文爲鏡的意思，這點可說極不容易，畢竟人的信仰常爲道場的核心。即此，這本書的幽微內在乃就有其「依於法」的本質。而這，也將是道場能否宏揚正法，乃久乃大的關鍵。

但雖言勘驗，可坦白說，拋開書中某些作者或弟子立場的解釋，就行者看行者，主人公心道法師的一些歷程之於我心，正可謂多所戚戚焉。

戚戚焉首先來自「超人」的嚮往。本來，宗教談超凡入聖，原該以聖者爲目標，但既言「了生死」，則前提即在敏感地覺受到生死之所限，於是超越生死，或可以預示能超越生死的神仙、靈界、超人之能力，如各種神通的出現，對於行者就有絕對的意義，而初期以有形有相「神通」顯現的超人爲嚮往，也就是許多行者的「自然」，坦白說，不經一番的反思、印證而侈言神通不足恃，或排斥神通，其實往往與基本的了生死有違，而在此，心道法師睹羅漢飛行而習道，與個人年少時之歷程實有同工之妙。

戚戚焉之二來自實踐上的頭陀行。本來，禪者「不經一番寒徹骨，哪得梅花撲鼻香」。也所以四祖道信攝心無寐，脇不至席，祖師幽棲林居，入山唯恐不深，其目的當然不在苦行避世，而是未經這一番寒徹，就難照見無明幽微，而也只有如此，接引度眾才能有堅實基礎，否則即使不以盲導盲，也容易止於人天福報，終與死生大事有隔。

人常謂末法是「言道者多，證道者少」之時，而證之所以少，即因必須嚴厲面對生命之貪、嗔、癡，可這種修行何如口頭禪爽快。不過，雖說這是習者通病，但死生之苦既無時不相逼，則一個眞正的行者生涯，即必是許多人內心的渴望，而從這，也才可以說明不善言辭的苦行者爲何常能迅速集聚信眾的原因。

禪講滌蕩，只有一絲不掛，方有全體即是的風光，就此，心道法師前期的行持雖非禪門直接之透脫，卻深扣行者基點，正足以使人動容。

戚戚焉之三來自立場的消磨。坦白說，這在書中並沒特別拈提，但從不拘一乘的教法，從援引各宗高僧大德的入山，乃至靈鷲道場在興建時，不見一般常有之宗教本位，而力圖與山林、自然相溶，這些都說明了法師這一特質，而下面的一個小故事正可以看到行者柔軟心之所在：

有一次在年度法會的開示上，不善長篇辭令的心道，在必須「塡滿」時間與信徒之期待下，在台上乃一路說去，可卻愈說愈遠，最後他摸摸自己的頭，靦腆的一笑，說：

「你看，又在這裡胡說八道了！」

§

本來，既非明明白白的示現，則即使位臻菩薩之位，也仍有隔陰之迷，但道場、師父既為眾生心念之所繫，人間層次故作的「勝義解」乃常不能免，但在這完整行儀與完美人格的描寫與詮釋下，修行本質卻因此常隱沒不彰，而行者若能不諱言自己尚在修習，尚有「罩門」，即正是不離本心的體現。禪講「自性天真」，但能對應於此的又有幾人？

誠然，儘管「了生死」是行者共同的觀照，但不同生命情性，不同法門修習，自然就呈現出不同的生命風光。以此，《靈鷲山外山》的描寫，也就不盡然能在不同行者身上起相應。而對我而言，那守住行者基點的部分正是我想提醒大家的，至於就當事者來說，禪門「劍刃上行、冰稜上走」的提醒，則已說明了「立傳」會帶來「稍一不慎，即喪失性命」的危險，而要免此危險，只有守住因緣之理，體得事物無實性，因緣而生，因緣而滅的道理，如此，身為局中人，心道法師自須一哂即可，而讀者更當從體會此傳生成的因緣切入，至於獲邀爲文的我，書與此文自然該是照見自己修行的一面鏡子。

在言語機巧充斥的當代，「如實」對行者甚至也已成爲遙遠的詞語，以是，師徒相訪、行者印證，竟已模糊不清，這不禁讓我想起「萬壽辯」的一首禪詩：

人傳師死已多時，我獨躊躇未決疑；
既是巢空雲又散，春深猶有子規啼。

子規何在？這的確是習者入道最需面對的一章！

【本文作者簡介】
林谷芳，禪者，音樂家，文化評論人。佛光大學藝術學研究所所長。六歲有感於死生。高一因書中句「有起必有落，有生必有死；欲求無死，不如無生」，遂習禪。三十餘年間出入釋、教、密，不惑之後方知自己是「無可救藥的禪子」。曾以代表性著作《諦觀有情——中國音樂裡的人文世界》彰顯「道藝一體」的生命觀。於當今宗門多落次第下，強調回歸禪之不共，並教授禪宗修行。

靈鷲山外山
心道法師傳

作者：陳大為、鍾怡雯
主編：曾淑正
封面設計：雅堂設計工作室
企劃：叢昌瑜

發行人：王榮文
出版發行：遠流出版事業股份有限公司
地址：台北市中山北路一段十一號十三樓
郵撥：0189456-1
電話：（02）25710297
傳真：（02）25710197

著作權顧問：蕭雄淋律師
二〇一三年七月二十一日　初版一刷
二〇二四年七月一日　初版八刷
售價：新台幣三八〇元

ISBN 978-957-32-7245-8（平裝）
ylib 遠流博識網 http://www.ylib.com
E-mail: ylib@ylib.com

國家圖書館出版品預行編目（CIP）資料

靈鷲山外山：心道法師傳 / 陳大為、鍾怡雯著. -- 初版. -- 臺北市：遠流, 2013.07
面； 公分
ISBN 978-957-32-7245-8（平裝）

1. 釋心道　2. 佛教傳記

229.63　　102013763